Büro-Spicker

Englisch Korrespondenz

Ulrike Beyler
Gabriele Herbst

Compact Verlag

Bisher sind in dieser Reihe erschienen:
Zeitmanagement
Rhetorik
Knigge für den Beruf
Fremdwörter
Englisch telefonieren
Business English
Konferenzen und Meetings
Mitarbeiter richtig führen
Konfliktmanagement
Office Management

Chefredaktion: Dr. Angela Sendlinger
Redaktion: Iris Glahn
Produktion: Wolfram Friedrich
Titelabbildung: Getty Images
Typografischer Entwurf: Axel Ganguin
Umschlaggestaltung: Axel Ganguin

ISBN 978-3-8174-7592-6
7175922

Besuchen Sie uns im Internet: www.compactverlag.de

Inhalt

Vorwort

Die Reihe Büro-Spicker richtet sich an alle, die ihre eigenen Kenntnisse verbessern und im Beruf weiterkommen wollen. Die praktischen Ratgeber bieten schnelle und kompetente Hilfe zu allen berufsrelevanten Themen.

Englischsprachige Korrespondenz gehört heutzutage zum Alltag des geschäftlichen Briefverkehrs. Hierfür sind die richtigen Formvorschriften ebenso gefragt wie korrekte und stilsichere Formulierungen. Denn nicht zuletzt entscheidet ein Brief, dessen Anliegen in der angemessenen sprachlichen Form dargestellt ist, über den erwünschten Erfolg eines Angebots, Kostenvoranschlags, Auftrags etc. Deshalb bietet dieser Ratgeber Vorlagen für die verschiedensten Arten von englischsprachigen Geschäftsbriefen mit deutscher Übersetzung sowie die gebräuchlichsten Satzbausteine und Vokabeln.

Dieser moderne Ratgeber beantwortet alle Fragen rund um das Thema „Englisch Korrespondenz“. Er bietet eine optimale Hilfestellung für alle, die ihren geschäftlichen, englischsprachigen Briefverkehr sicher und höflich formulieren möchten.

1. Der englischsprachige Geschäftsbrief

Beim Verfassen englischsprachiger Korrespondenz gilt generell, dass der Inhalt am besten in kurzen und prägnanten Sätzen dargestellt werden sollte. Dabei sollten Sie stets darauf achten, dass im Englischen besonderer Wert auf höfliche Umgangsformen gelegt wird. Dies äußert sich im Schriftverkehr durch einen allgemein gehobenen Sprachstil.

Außerdem sollten Sie berücksichtigen, dass sich der englische Leser vor den Kopf gestoßen fühlen wird, wenn Sie Ihr Anliegen in allzu direkter Form äußern. Gerade der deutsche Schriftverkehr zeichnet sich durch sachliche und direkte Formulierungen aus, die unumwunden zum Kern der Sache kommen; dabei findet man häufig Phrasen wie „wir benötigen" und „wir möchten". Eine wörtliche Übersetzung wie „we need" oder „we want" würden auf den englischen Leser unhöflich wirken. Um Missverständnisse zu vermeiden empfiehlt sich die Verwendung des Konjunktivs (Möglichkeitsform) und standardisierter Formulierungen, wie z. B. „we would like to ask you to ..." („Wir bitten Sie, ...") oder „please provide us with" („Bitte senden Sie uns ...").

Im Laufe der Korrespondenz stellen sich auch Besonderheiten im Schreibstil des Geschäftspartners heraus und leisten eine grundsätzliche Orientierungshilfe.

Da Englisch die weltweit häufigste Sprache im Geschäftsverkehr ist und somit auch von vielen Nichtmuttersprachlern verwendet wird, „verschwimmen" die Grenzen zwischen den einzelnen Sprachen zusehends. Auch wenn Englisch als Weltsprache unangefochten dominiert, machen sich immer stärkere Einflüsse nationaler Sprachstile bemerkbar. Dies wird an zahlreichen Beispielen deutlich, in denen viele Phrasen aus der eigenen Muttersprache beinahe wortwörtlich ins Englische übertragen werden. Grundsätzlich sollte daher in der internationalen Korrespondenz der kulturelle Hintergrund des Gegenübers nicht außer Acht gelassen werden.

Im Laufe der Zeit machen sich daher auch im geschäftlichen Schriftverkehr verschiedenste Einflüsse bemerkbar. Der ehemals „unantastbare" Standardaufbau eines Geschäftsbriefs verschwindet zunehmend, was unter anderem auch auf die wachsende Bedeutung des E-Mail-Verkehrs zurückzuführen ist. Obwohl diese Form der Kommunikation relativ schnell und unkompliziert erscheint, sollte auch beim Verfassen eher formloser Korrespondenz auf die Einhaltung grundlegender Aspekte geachtet werden.

Zusammenfassend lässt sich also feststellen, dass sich das Erscheinungsbild eines förmlichen Schreibens deutlich verändert hat, was sich auch im strukturellen Aufbau eines englischsprachigen Geschäftsbriefs widerspiegelt.

1.1 Aufbau

Es gibt viele verschiedene Arten von Geschäftsbriefen. Dennoch gelten für den generellen Aufbau eines Briefes im geschäftlichen Schriftverkehr allgemeine Orientierungsstandards, die grundsätzlich auch für E-Mails und Faxe übernommen werden sollten. Die folgenden Punkte sollen den Einstieg in die englische Korrespondenz erleichtern und sind für ein stilsicheres Formulieren unerlässlich:

- Entscheiden Sie sich grundsätzlich entweder für die amerikanische oder die britische Schreibweise.
- Verwenden Sie höfliche Formulierungen (dabei können Sie sich zahlreicher Standardformulierungen bedienen).
- Achten Sie auch immer auf den kulturellen Hintergrund Ihres Gegenübers, denn damit lassen sich oft unnötige Missverständnisse von Anfang an vermeiden.
- Legen Sie sich auf eine Schreibweise für Datum, Zeiten etc. fest. Damit erleichtern Sie sich die Arbeit und vermeiden Unregelmäßigkeiten sowie mögliche Missverständnisse.
- Orientieren Sie sich beim Verfassen englischsprachiger Korrespondenz an dem internen Standard Ihres Unternehmens bzw. an dem der Zielperson/-firma (z. B. USA/GB).

- Überlegen Sie sich vor dem Verfassen des englischen Briefs den grundsätzlichen Inhalt und Aufbau, so vermeiden Sie umständliche Formulierungen und unnötig lange Sätze, die oft nur schwer verständlich sind.
- Achten Sie auf Besonderheiten und Standards in den Schreiben Ihres Geschäftspartners. Wenn Sie möchten, können Sie sich durchaus an seinem Stil orientieren.
- Eignen Sie sich einen Basisstamm allgemeiner englischsprachiger Phrasen an, um so ein Fundament zu bilden, das Ihnen hilft, auch spontan ein Schreiben zu verfassen.

Während der Inhalt und die spezielle Form eines Schreibens vom Verfasser bestimmt wird, lässt sich der Aufbau eines Geschäftsbriefs standardmäßig in die folgenden Bestandteile gliedern:

1.2 Bestandteile

Briefkopf

Der Briefkopf enthält, neben dem Firmennamen des Absenders, unternehmensspezifische Details wie Logo und Kontaktdaten (z. B. Telefon, Fax, E-Mail, Internetadresse). Die genaue Gestaltung ist für gewöhnlich durch den Standardbriefkopf des jeweiligen Unternehmens festgelegt.

Betreff

Bei der Formatierung des Betreffs (Fettdruck, Unterstreichung, etc.) gelten heutzutage keine festen Regeln mehr. Zu beachten ist dennoch, dass bei der Verwendung der britischen Standards der Betreff, im Gegensatz zum Amerikanischen und Deutschen, nach der Anrede anzugeben ist.

Datum

Das Datum wird im Englischen vor der Empfängeradresse, d. h. zwischen Absender und Adressat, angegeben. Die Auswahl, ob die Datumsangabe links- oder rechtsbündig erfolgt, bleibt dem Verfassers überlassen. Für das Datum gelten die folgenden Schreibweisen:

Britisches Englisch (BE)	Amerikanisches Englisch (AE)
2 April 2005	April 2, 2005
2nd April 2005	04/02/2005
02/04/2005	2005-04-02

Infobox

Im amerikanischen Englisch wird der Monat immer vor dem Tag genannt. 10/5/2005 ist also nicht der zehnte Mai 2005, sondern der fünfte Oktober 2005!

Bei der Aussprache des Datums im Englischen machen sich allerdings Besonderheiten bemerkbar:

- Auch wenn das Datum mit einer Grundzahl (2/„two") angegeben ist, wird es als Ordnungszahl (2nd/„second") ausgesprochen. Ist die Schreibweise also z. B. „31 January 2005", dann lautet die Aussprache „(the) thirty-first of January two thousand and five" oder „January the thirty-first two thousand and five".
- Die Angabe „hundred" („hundert") im Datum wird im Englischen nicht ausgesprochen, so lautet z. B. die Schreibweise „24 April 1999" in der Aussprache „(the) twenty-fourth of April nineteen ninety-nine".
- Der Monat kann im gesprochenen Englisch vor oder nach dem Tag genannt werden. Also: „He will arrive on May the fifth." oder „He will arrive on the fifth of May."

Adresse

Das Adressfeld enthält den vollständigen Firmennamen des Empfängers mit seiner postalischen Anschrift. Im Adressfeld eines englischsprachigen Briefes ist die Hausnummer <u>vor</u> dem Straßennamen anzugeben. Die Gestaltung der Empfängeradresse auf dem Briefumschlag stellt sich genauso dar.

BE:	AE:
Miller & Co Ltd.	Quick & Brick
36 Greenbush Road	98 Miller Street
London SW4 3AH	New York, NY 10013
England	USA

Infobox

In diesem Zusammenhang ist bei britischen Firmen stets die Gesellschaftsform (z. B. „Ltd." oder „plc."/„PLC") anzugeben. Bei amerikanischen Unternehmen finden die Bezeichnungen „Co.", „Corp." oder „Inc." Verwendung.

Anrede

Die Anrede Ihres Ansprechpartners hängt auch davon ab, ob und wenn ja, wie gut Sie mit diesem bekannt sind. Im Umgang mit englischsprachigen Geschäftspartnern werden Sie feststellen, dass es im anglo-amerikanischen Raum eher gebräuchlich ist, sich auch im Geschäftsverkehr nach kurzer Zeit mit Vornamen anzusprechen. Die gebräuchlichsten Anreden im Geschäftsverkehr lauten:

Dear Sir or Madam Ladies and Gentlemen (AE) To Whom it May Concern	kein direkter Ansprechpartner bekannt
Dear Mr. Johnson (AE) Dear Mr Johnson (BE) Dear Ms. Johnson (AE) Dear Ms Johnson (BE)	Name des Ansprechpartners ist bekannt
Dear James Dear Mary	der Ansprechpartner ist persönlich bekannt und Empfänger und Absender kommunizieren häufiger miteinander

Infobox

Die früher sehr gebräuchliche Formulierung „Dear Sir(s)" gilt aus Gründen der Gleichberechtigung zwischen Mann und Frau nicht mehr als politisch korrekt, ist also inzwischen überholt und sollte daher vermieden werden.

Eine verheiratete Frau wird im englischsprachigen Raum mit „Mrs(.)" angesprochen, eine unverheiratete Frau mit „Miss(.)", wobei Letzteres als veraltet gilt. Ist dem Verfasser nicht bekannt, ob die Empfängerin verheiratet ist oder nicht, wird die Formulierung „Ms(.)" verwendet, die heute zunehmend auch für unverheiratete Frauen gilt.

Infobox

Im amerikanischen Schriftverkehr werden die Abkürzungen „Mr.", „Mrs.", „Miss." und „Ms." mit einem Punkt abgeschlossen; im britischen Englisch fehlt dieser: „Mr", „Mrs", „Miss" und „Ms".

Wenn Sie den Namen des Adressaten nicht kennen, können Sie auch seine Funktion in der Firma oder die Abteilung angeben.

Grußformel

Die Grußformel am Ende eines Schreibens richtet sich nach der gewählten Anredeformel. Die üblichen Kombinationen sind im Folgenden kurz dargestellt.

Britisches Englisch:

Anrede	Grußformel
Dear Sir or Madam(,)	Yours faithfully(,)
Dear Mr Johnson(,)	Yours faithfully(,)
Dear James(,)	With best regards(,) Best regards(,) Kind regards(,)

Amerikanisches Englisch:

Anrede	Grußformel
(Dear) Ladies and Gentlemen:	Sincerely, Sincerely yours, Yours truly, Yours (very) truly,
Dear Mr. Johnson:	Sincerely, Sincerely yours, Truly yours,
Dear James:	With best regards, Best regards, Regards, Kind regards,

Die Anrede kann im Britischen mit oder ohne Komma abgeschlossen werden. Verwendet der Verfasser bei der Anrede ein Komma, so ist nach der Grußformel ebenfalls ein Komma zu setzen. Im Amerikanischen wird die Anrede dagegen stets mit einem Doppelpunkt und die Grußformel mit einem Komma abgeschlossen. Dabei ist zu beachten, dass der Haupttext des Briefs im Gegensatz zum Deutschen in allen Fällen mit einem Großbuchstaben beginnt.

Die Gestaltung des Briefumschlags

Auf dem Umschlag erscheinen Name und Adresse genau wie im Briefkopf. Allerdings können Sie Abkürzungen für die Begriffe Street (St), Avenue (Av) und Road (Rd) benutzen. Auch können folgende Hinweise auf dem Umschlag stehen:

per Luftpost	BY AIRMAIL
per Express	BY EXPRESS
per Kurier	BY MESSENGER
per Einschreiben	BY REGISTERED MAIL
Einschreiben Rückschein	RECORDED DELIVERY
Drucksache	PRINTED MATTER
eilig	URGENT
zerbrechlich	FRAGILE
bitte nachsenden	PLEASE FORWARD
nicht knicken	DO NOT FOLD
nicht biegen	DO NOT BEND
gebührenfrei	POST-FREE
persönlich	PERSONAL
persönlich und vertraulich	PRIVATE AND CONFIDENTIAL

1.3 Geschäftsbriefe mit britischem und amerikanischem Layout

Im Folgenden finden Sie je einen Musterbrief in britischem und amerikanischem Layout. In den weiteren Musterbriefen wird auf den Briefkopf (Absender, Empfänger etc.) verzichtet.

Britisches Layout

Universalwaren Schuster KG
Hauptstraße 14
80333 München

10th March 2005

Miller & Co Ltd.
36 Greenbush Road
London SW4 3AH
England

Dear Ms Johnson

<u>Special Offers for April 2005</u>

We are pleased to inform you that, in the month of

April 2005, our company will offer special prices for our newest product series *Universalia*.

For further information please find enclosed a copy of our latest catalogue.

We would be glad to hear from you soon.

Yours faithfully

Gunda Milchhaus Encl

Universalwaren Schuster KG
Hauptstraße 14
80333 München

Miller & Co Ltd.
36 Greenbush Road
London SW4 3AH
England

Sonderangebote im April 2005

10. März 2005

Sehr geehrte Frau Johnson,

wir freuen uns, Ihnen mitteilen zu können, dass unser Unternehmen im April 2005 Sonderangebote auf unsere neueste Produktreihe *Universalia* anbietet.

Weitere Informationen entnehmen Sie bitte dem beiliegenden aktuellen Katalog.

Wir würden uns freuen, bald von Ihnen zu hören.

Mit freundlichen Grüßen — Anlage

Gunda Milchaus

Amerikanisches Layout

Universalwaren Schuster KG
Hauptstraße 14
80333 München

03/10/2005

Baker & Bread Co.
54 Watts Street
New York, NY 10013
USA

Special Offers for April 2005

Dear Mr. Brown:

We are glad to inform you that we are about to launch a new sales campaign. For this reason, we are enclosing our latest catalog in color.
Should you have any queries whatsoever, please do not hesitate to contact us at any time.

We would be delighted to hear from you soon.

With best regards,

Gunda Milchhaus

Encs.

Universalwaren Schuster KG
Hauptstraße 14
80333 München

Baker & Bread Co.
54 Watts Street
New York, NY 10013
USA

10. März 2005

<u>Sonderangebote im April 2005</u>

Sehr geehrter Herr Brown,

wir freuen uns, Ihnen mitzuteilen, dass wir in Kürze eine neue Verkaufskampagne starten werden. Aus diesem Grund legen wir unseren aktuellen Farbkatalog bei.

Für Fragen jeglicher Art stehen wir Ihnen gerne jederzeit zur Verfügung.

Wir würden uns freuen, bald von Ihnen zu hören.

Mit freundlichen Grüßen

Anlage

Gunda Milchhaus

False Friends			
Deutsch	**Englisch**	**Englisch**	**Deutsch**
aktuell	current, latest	actual	eigentlich, tatsächlich
eventuell	possibly, as the case may be	eventually	schließlich, letztendlich

1.4 Faxe und E-Mails

Der große Vorteil von Faxen und E-Mails liegt darin, dass sie eine schnelle und einfache Kommunikation mit einem oder mehreren Empfängern ermöglichen. Auch kann der Empfänger sofort antworten. Obwohl Faxe und E-Mails meist kürzer und weniger formell gehalten sind als Briefe, sollten sie dennoch klar und deutlich und außerdem gut und höflich formuliert sein.

Musterfax

Fax Message

To: John Ripoff, CompuFat
Fax No.: 212 (0) 2234583
From: Holger Müdderdorf
Fax No.: (0) 40 519584
Tel. No.: (0) 40 519585
Date: November 10, 2005
Subject: Your Samples of November 4, 2005
Number of Pages (including cover sheet): 1

Dear Mr. Ripoff:

Unfortunately, we have to inform you that the samples you sent us were of inferior quality and the stipulated

prices were unexpectedly high and thus did not meet our requirements.
Since our customers are used to the extraordinary quality of our supplies at attractive prices, we regret having to inform you that we see no basis for possible business relations with your company.

We regret this, in particular, since you have been highly recommended to us.

Best regards,

Holger Müdderdorf
(Purchasing Manager)

Faxbrief

Empfänger: John Ripoff, CompuFat
Fax-Nr. Empfänger: 212 (0) 2234583
Absender: Holger Müdderdorf
Fax-Nr. Absender: (0) 40 519584
Tel.-Nr. Absender: (0) 40 519585
Datum: 10. November 2005
Betrifft: Ihre Muster vom 04. November 2005
Anzahl der Seiten (inclusive Deckblatt): 1

Sehr geehrter Herr Ripoff,

leider müssen wir Ihnen mitteilen, dass die Muster, die Sie uns übersandt haben, von minderer Qualität und die angegebenen Preise unerwartet hoch waren und somit nicht unseren Anforderungen entsprachen.

Da unsere Kunden die außergewöhnliche Qualität unserer Lieferungen zu Bestpreisen gewohnt sind, bedauern wir Ihnen mitteilen zu müssen, dass wir keine Basis für eine mögliche Geschäftsbeziehung mit Ihrem Unternehmen sehen.

Wir bedauern dies, im Besonderen da Sie uns wärmstens empfohlen wurden.

Mit besten Grüßen

Holger Müdderdorf
Einkaufsleiter

Muster-E-Mail

From: tench@compufat.com
To: mueller@coservice.de

Subject: meeting next week
Date: 18 Nov 05
Cc: schulze@coservice.de
Attachment: catalog.doc

Dear Mr. Müller:

Thank you for your e-mail. I would like to confirm that I will be available to see you at your office in Hamburg on Tuesday, 22nd November at 1:00 p.m.

Yours sincerely,

Jennifer Tench

Jennifer Tench
Purchasing Manager, CompuFat
516 Fifth Avenue
New York
NY 10036
Tel 212 (0) 2234581
Fax 212 (0) 2234582
www.compufat.com

Absender: tench@compufat.com
Empfänger: mueller@coservice.de
Betrifft: Besprechung nächste Woche
Datum: 18. November 2005
Kopie: schulze@coservice.de
Anlage: Katalog.doc

Sehr geehrter Herr Müller,

vielen Dank für Ihre E-Mail. Hiermit möchte ich bestätigen, dass es mir möglich ist, Sie am Dienstag, den 22. November, um 13.00 Uhr in Ihrem Büro in Hamburg zu treffen.

Mit freundlichen Grüßen

Jennifer Tench

Jennifer Tench
Einkaufsleitung, CompuFat
516 Fifth Avenue
New York
NY 10036
Tel 212 (0) 2234581
Fax 212 (0) 2234582
www.compufat.com

Zum Schluss dieses Kapitels erhalten Sie noch einige Ratschläge, wie Sie ein Fax oder eine E-Mail optimal formulieren:

- Geben Sie stets einen aussagekräftigen Betreff an, so ermöglichen Sie dem Empfänger einen schnellen Überblick.
- Verwenden Sie auch in einer E-Mail eine angemessene Form der Anrede. Die Anrede gilt auch in der E-Mail als eine Art „Begrüßungshandschlag".
- Formulieren Sie Ihre E-Mail kurz und prägnant. Dennoch sollten Sie auf eine angemessene Form und Ausdrucksweise achten. Dies gilt vor allem für die Groß- und Kleinschreibung sowie die richtige Interpunktion. Verwenden Sie darauf genauso viel Sorgfalt wie bei einem konventionellen Geschäftsbrief.
- Schließen Sie jede E-Mail mit Ihrem Namen ab. Bei E-Mail-Anbietern besteht zwar die Möglichkeit eine Standardsignatur einzurichten, die in jeder Nachricht automatisch erscheint, das bedeutet allerdings nicht, dass zum Abschluss einer E-Mail der Name nicht nochmals angegeben werden sollte, da dies für den Leser sonst oftmals unhöflich erscheinen mag.
- Verwenden Sie Abkürzung sparsam und nur in Fällen, in denen Sie sich sicher sein können, dass der Empfänger diese auch kennt und versteht. Die sonst im Internet so beliebten Smilies und andere Kurzzeichen, sind in geschäftlichen E-Mails absolut tabu.

Vokabeln: rund um das Fax/die E-Mail

an	to
beilegen (bei E-Mails)	attach
Bestätigungskopie	confirmation copy
Betreff	subject
E-Mail	email (BE), e-mail (AE)
E-Mail-Adresse	e(-)mail address
E-Mail-Eingang	mailbox, inbox
Fax verschicken	fax, send a fax
Faxgerät	fax machine
Faxnummer	fax number
schicken (eine E-Mail)	email, send an e(-)mail
Sendebericht	transmission report
Störung	error, outage, break(-)down
von	from
vorab per Fax	in advance by fax
zurückfaxen	fax back

Vokabeln: rund um das Internet

- (Bindestrich) (wird in E-Mail-Adressen auch „minus" genannt)	hyphen, minus
. (Punkt)	dot

/ (Schrägstrich)	slash
_ (Unterstrich)	underscore
Benutzer/Anwendername	username
Gedankenstrich	dash
Passwort, Kennwort	password
Webseite, Homepage	website, homepage
herunterladen	download

1.5 Allgemeine Formulierungen

Erfahrungsgemäß ist es sinnvoll, sich einen gewissen Grundstock an Standardformulierungen anzueignen, der das Verfassen der Korrespondenz wesentlich erleichtert. Die folgenden Satzbausteine leisten zu diesem Zweck eine praktische Hilfestellung:

Satzbausteine: Einleitung

Wir beziehen uns auf ...	We are referring to .../ Referring to ...
Bezugnehmend auf .../ Mit Bezug auf ...	Further to .../Making reference to
Vielen Dank für Ihr Schreiben vom ...	Thank you for your letter of/dated ...
Wir wenden uns an Sie ...	We are writing to you ...

Ihrem Schreiben entnehmen wir gerne ...	We are pleased to note from your letter ...
In Bezugnahme auf ...	With reference to ...
Ihre Anschrift hat uns ... (freundlicherweise) zur Verfügung gestellt.	We owe your address to .../... (kindly) provided us with your address.

Satzbausteine: Mittelteil

Wir möchten Sie darauf aufmerksam machen ...	Let us draw your attention to .../We would like to point out to you ...
Wie wir von ... erfahren haben ...	We learned from ... that ...
Sie wurden uns als einer der führenden Lieferanten für ... genannt/empfohlen.	You have been mentioned/recommended to us as one of the leading suppliers of ...
Wir wären Ihnen dankbar, wenn ...	We would be grateful if you would ...
Bitte senden Sie uns weiteres Informationsmaterial zu.	Please provide us with further information material.
Wir benötigen die folgenden Waren.	We require.../We are in need of the following goods.

Dürfen wir Sie darauf aufmerksam machen ...	May we draw your attention to .../point out to you ...

Satzbausteine: Abschluss

Wir freuen uns sehr darauf, bald von Ihnen zu hören.	We look forward to hearing from you soon.
In Erwartung Ihrer Antwort, verbleiben wir mit freundlichen Grüßen	Awaiting your reply, we remain, yours very truly
Sollten Sie noch weitere Fragen haben ...	If you have any further questions ...
Für Rückfragen stehen wir Ihnen gerne zur Verfügung.	Please do not hestitate to contact us in case you have any queries.
Sollen wir Ihnen noch anderweitig behilflich sein können, zögern Sie nicht, uns (jederzeit) zu kontaktieren.	If we can be of further assistance to you, please do not hesitate to contact us (at any time).
Sollten Sie noch weitere Hilfestellung benötigen, lassen Sie es uns einfach wissen.	Please let us know if you need any more help.

Formulieren Sie Ihr Schreiben grundsätzlich höflich, verwenden Sie dafür Ausdrücke wie:

- „could"; „Could you tell us ..." („Könnten Sie uns mitteilen ...");
- „kind(ly)"; „Thank you for your kind assistance" („Vielen Dank für Ihre freundliche Unterstützung");
- „grateful"/„appreciate"; „We would be grateful for ..."/„We would appreciate your + *-ing-Form*" (z. B. „We would appreciate your sending us ...") („Wir wären dankbar für ...") / („Bitte senden Sie uns ...");
- „delighted"; „We are delighted ..." („Wir freuen uns ... /sind erfreut ...");
- verwenden Sie den Imperativ stets nur in Verbindung mit „please": „Please inform us ..." („Bitte teilen Sie uns mit ...");
- „may"; „May we kindly remind you ..." („Dürfen wir Sie daran erinnern, dass ...").

Vokabeln: rund um den Brief

Absender	sender
Addressfeld	address
Aktenzeichen	file number/file no.
aktueller, neuester z. B. Katalog	latest, current catalogue (BE), catalog (AE)
angeben	state, indicate, quote

Anrede	salutation, introductory clause
baldige (Rückantwort)	early (reply/response)
bestätigen	confirm, acknowledge
Bestätigung	confirmation, acknowledg(e)ment
Betreff	subject (line), attention line
Bezugszeichen	reference number
Briefkopf	letterhead
Briefmarke	stamp
Datum	date
Datum des Poststempels	date as postmark
Diktatzeichen	reference initials
Eingang (eines Schreibens)	receipt (of a letter)
Eingangsstempel	receipt stamp
Einschreiben	registered letter, registered mail
E-Mail	email (BE), e-mail (AE)
Empfänger	receiver, addressee
Fax	facsimile, fax
frankierter Umschlag	stamped envelope
Geschäftsräume	premises, office
Grußformel	complimentary close
Luftpost	airmail
per Fax	via/by facsimile, via fax

per Post	via mail, via the pouch, by post
persönlich	private, personal
Porto	postage
Rückantwort	reply, response
streng vertraulich	strictly confidential, private and confidential
Tabelle	table
Telefon/Tel.	telephone/tel.
umgehend vorlegen	submit/present immediately
umgehende Erledigung	prompt attention, immediate execution
Umschlag	envelope
vertraulich	confidential
vorab per Fax	in advance by fax
z. Hd.	attention, attn.
Zeitplan	schedule

Vokabeln: rund um das Unternehmen

Arbeitgeber	employer
Archiv	archive, records
Besucherausweis	Visitor ID, badge
Betriebsrat	works council
Bibliothek	library

Buchhaltung	accounting (department)
Chef	boss
Einkauf(sabteilung)	purchasing department
Einkaufsleiter	purchasing manager
Empfang	reception
Empfangsdame	receptionist
Geschäftsadresse	business address
Geschäftsführer	managing director
Hauptsitz	headquarters, registered office
Hausmeister	caretaker, janitor
Investor Relations	investor relations department
Kollege	co-worker, colleague
Magnat	tycoon
Marketing(abteilung)	marketing
Mitarbeiter, Angestellter	employee
Öffentlichkeitsarbeit	public relations
Personal, Belegschaft	staff, personnel
Personalabteilung	personnel department, human resources (department)
persönliche(r) AssistentIn	personal assistant, PA
Pforte	gate
Ausweiskontrolle (Pförtner)	gate control, ID control
Rechtsabteilung	legal department

Sekretärin	secretary, assistant
Standort	location, site, office
Steuerabteilung	tax department
Verkauf(sabteilung)	sales department
Verkaufsförderung, verkaufsfördernd	sales-promoting department, sales-promoting
Verkaufsleiter	sales manger
Versand(abteilung)	dispatch (department), despatch (department)
Versandleiter	dispatch/despatch manager
Verwaltung	administration, admin.
Vorgesetzter	superior
Vorstand	managing board
Vorstandsvorsitzender (deutsches Unternehmen)	chairman of the managing board
Vorstandsvorsitzender (eines amerik./brit. Unternehmens)	Chief Executive Officer (CEO)
Werk	works, factory, plant
Werksgelände	factory site
Zweigstelle, Niederlassung	branch (office)

Die Bezeichnung „The Administration" bezieht sich im amerikanischen Sprachgebrauch immer auf die US-Regierung (z. B. „the Bush Administration" = „die Regierung Bush").

False Friends			
Deutsch	Englisch	Englisch	Deutsch
Personal (Belegschaft)	personnel, staff	personal	persönlich
Chef	boss	chef	Koch
		chief	Häuptling

„Chief" findet sich auch als Teil beruflicher Titel, wie z. B. in „Chief Executive Officer (CEO)" (Vorstandsvorsitzender eines britischen oder amerikanischen Unternehmens) oder „Chief Inspector" (etwa: Oberinspektor).

Infobox

Der Trend in deutschen Unternehmen geht dahin, Titel aus dem anglo-amerikanischen Raum zu „entleihen". Dies ist allerdings mit äußerster Vorsicht zu genießen, da sich die Aufgabenbereiche und Funktionen der einzelnen Positionen in der deutschen und der amerikanischen bzw. englischen Unternehmensstruktur stark unterscheiden.

Der englische Begriff „information" existiert nur im Singular (also nicht: „informations"!). Ist eine Betonung einer einzelnen Information gewünscht, empfiehlt sich die Verwendung von Ausdrücken wie „piece of information" oder „bit of information".

2. Häufige Geschäftsvorfälle

2.1 Anfrage

Anfrage nach einem Angebot

Die wohl üblichste Form einer Anfrage ist die nach einem Angebot. In diesem Zusammenhang ist darauf zu achten, dem (möglichen) Geschäftspartner sein Anliegen klar und verständlich zu vermitteln. Die Verwendung der üblichen Terminologie ist vielmals unerlässlich.

Dear Ladies and Gentlemen:

You have been named to us as one of the leading manufacturers of office supplies. Your company enjoys an excellent reputation in this field due to the outstanding quality of your goods.

We intend to gain a foothold on the European market and are therefore looking for a reliable supplier of office material. Since we are interested in establishing long-term business relations with a supplier of such kind, we would appreciate your sending us your catalog as well as further information about your company and your products.

Looking forward to your prompt reply.

Yours sincerely,
Olga Monopolitz
(Secretary to the Purchasing Manager)

Sehr geehrte Damen und Herren,

Sie wurden uns als einer der führenden Hersteller von Artikeln für den Bürobedarf genannt. Ihr Unternehmen genießt aufgrund der herausragenden Qualität Ihrer Produkte in der Branche einen exzellenten Ruf.

Wir beabsichtigen, auf dem europäischen Markt Fuß zu fassen und suchen daher einen verlässlichen Lieferanten von Bürobedarfsartikeln. Da wir ein Interesse daran haben, langfristige Geschäftsbeziehungen mit einem Lieferanten auf diesem Gebiet aufzubauen, wären wir Ihnen dankbar, wenn Sie uns Ihren Katalog sowie weitere Informationen bezüglich Ihres Unternehmens und Ihrer Produkte übersenden könnten.

In Erwartung Ihrer baldigen Antwort, verbleiben wir

mit freundlichen Grüßen
Olga Monopolitz
(Assistenz der Einkaufsleitung)

Satzbausteine: Einleitung

Sie wurden uns als einer der führenden Lieferanten genannt/empfohlen.	Your company has been recommended to us as one of the leading suppliers.
Wir haben Ihre Anzeige in der aktuellen Ausgabe der ... gesehen.	We have seen your advertisement/ad in the current issue of ...
Wie wir erfahren haben ...	We have learnt that ...
Ihrer Webseite entnehmen wir, dass Sie ... herstellen.	We have taken from your homepage that you are a producer/manufacturer of ...

Satzbausteine: Bedarf darstellen

Unser Bestand an ... geht zu Neige.	We are running out of ...
Unsere Vorräte sind fast erschöpft.	We are running out of stock./Our stocks are running low.
Wir benötigen ...	We are in demand/need of ...
Wir interessieren uns für ...	We are interested in ...
Wir beabsichtigen, ... in unser Sortiment aufzunehmen und benötigen deshalb ...	We intend to include ... in our product range and therefore require ...

Satzbausteine: Informationen anfordern

Bitte übersenden Sie uns Ihren (aktuellen) Katalog.	Please let us have your (latest) catalogue (BE)/ catalog (AE)./Please send us your ...
Sollten Sie (weitere) Referenzen benötigen, stehen Ihnen ... gerne zur Verfügung.	Should you require (further) references, ... will be pleased to be of assistance to you.
Bitte teilen Sie uns Ihre Lieferbedingungen mit.	Please let us know on what terms you can deliver/supply/ provide ...
Wir wären für weitere Informationen bezüglich Ihrer Liefer- und Zahlungsbedingungen dankbar.	We would appreciate further information regarding your terms of delivery and payment.
Bitte geben Sie auch ... an.	Please also state ...
Wann könnten Sie frühestmöglich liefern?	What would be your earliest delivery date?
Bitte übersenden Sie uns farbig illustriertes Informationsmaterial.	Please provide us with information material in colo(u)r.
Wir wären für weitere Informationen über ... dankbar.	We would be grateful for further details about/ of ...

Satzbausteine: Abschluss

Wir würden uns freuen, bald von Ihnen zu hören.	We are looking forward to your prompt reply./We are looking forward to hearing from you soon.
Da diese Angelegenheit äußerst eilig ist, wären wir für eine umgehende Beantwortung dieses Schreibens dankbar.	Since this matter is extraordinarily urgent/requires immediate attention, we would appreciate your prompt reply.
Wir danken Ihnen im Voraus.	We would like to thank you in advance./Many thanks in advance.
Vielen Dank für Ihre freundliche Unterstützung in dieser Angelegenheit.	Thanking you for your kind assistance in this matter.

Vokabeln: rund um die Anfrage

(wachsende) Nachfrage	(growing/increasing) demand
(zukünftiger) Geschäftspartner	(future/potential) business partner
Anfrage	enquiry (BE), inquiry (AE)
Angebot	offer, quotation

einführen, auf den Markt bringen,	launch on the market, put on the market, introduce on the market
Auftragsformular	order form
baldmöglichst	as soon as possible (asap), at your earliest convenience
Bestellung annehmen	to take an order, accept an order
Bestellung, Auftrag	order
Einkaufsleiter	purchasing manager
erteilen (einen Auftrag)	place (an order)
finanzielle Situation (eines Unternehmens)	financial standing, financial situation
Großabnehmer	bulk buyer
größerer Auftrag	substantial order
Großkunde	major customer
Information	information, piece of information
Konkurrent, Mitbewerber	competitor
Kunde, Klient, Mandant	customer, client
Lieferbedingungen	terms of delivery
Lieferdatum	delivery date
Menge	amount, quantity
Neukunde	new customer
Produktpalette, Sortiment	product range
Produktreihe	product series

Qualität	quality
Rabatt, Nachlass	discount
Referenzen	references
Ruf (einen guten/ausgezeichneten Ruf haben/genießen)	reputation (enjoy/have a sound/good/excellent reputation)
Vorräte, Lagerbestand	inventories, stocks
Ware	goods, merchandise, products
Wettbewerb	competition
Zahlung	payment
Zahlungsbedingungen	terms of payment
Zahlungsarten	methods/modes of payment

Bei der Verwendung der Begriffe „customer" und „client" wird wie folgt unterschieden: Während „customer" meist im Handel für „Kunde" gebraucht wird, ist für den Dienstleistungsbereich (z. B. Anwälte, Berater, Headhunter etc.) die Bezeichnung „client" (auch im Sinne von „Mandant" oder „Klient") üblich.

Anfrage bezüglich Informationen über den potenziellen Geschäftspartner

Natürlich hat ein Unternehmen oft Interesse daran, weitergehende Informationen über einen potenziellen Geschäftspartner einzuholen. Dabei kann es sich auch um genauere Informationen zur finanziellen Situation seines Gegenübers handeln. Dies stellt oft ein sehr sensibles Thema dar und somit ist es vielmals sinnvoll, sein Anliegen vorsichtig zu formulieren.

Subject: Enquiry About Global States Inc.

Dear Sir or Madam:

Your name has been given to us as a reference by Global States Inc. Since we have not yet had the pleasure of doing business with said company, we address you for your kind assistance in this matter.

We would appreciate any kind of information regarding the financial standing, business behavior, reputation and reliability of said company.

In light of the delicacy of this matter, we would be grateful if you could treat this matter in strict confidence. Please rest assured that we, on our part, will certainly treat your information strictly confidentially.

Many thanks in advance for your assistance.

Best regards,
Holger Hufnagel

Betreff: Anfrage bezüglich Global States Inc.

Sehr geehrte Damen und Herren,

Global States hat Sie uns als Referenz genannt.

Da wir bisher noch nicht in Geschäftsbeziehung mit diesem Unternehmen standen, wenden wir uns in dieser Angelegenheit an Sie. Wir wären Ihnen für jegliche Informationen bezüglich der finanziellen Situation, des Geschäftsgebarens, dem Ruf und der Zuverlässigkeit der oben genannten Firma dankbar.

In Anbetracht der Sensibilität dieser Angelegenheit wären wir Ihnen sehr verbunden, wenn Sie die Sache streng vertraulich behandeln.

Seien Sie versichert, dass wir unsererseits Ihre Informationen selbstverständlich vertraulich behandeln werden.

Vielen Dank im Voraus für Ihre Hilfe.

Mit freundlichen Grüßen
Holger Hufnagel

Satzbausteine: Einleitung

Sie wurden uns von ... als Referenz genannt.	Your name has been provided/given to us as a reference for ... company.
Wie wir von ... erfahren haben, stehen Sie seit Längerem mit der Firma ... in Geschäftsbeziehung.	As we learnt from ..., you have been doing business with ... for quite some time.
Wir wenden uns an Sie mit der Bitte ...	We are referring to you with the request ...
Wir beziehen uns auf Ihr Schreiben vom ... und möchten Sie bitten ...	We are referring to your letter of ... and would like to ask you to ...
Herr ... hat uns an Sie verwiesen.	Your name has been given to us by Mr(.) ...

Satzbausteine: Erfragen von Informationen

Da wir bisher noch nicht in Geschäftsbeziehung mit Ihnen standen, wären wir Ihnen dankbar, wenn Sie uns weitere Informationen über Ihr Unternehmen zukommen ließen.	Since we have not yet had the pleasure of doing business with your company, we would appreciate your providing us with further information about your company.
Bitte nennen Sie uns Referenzen.	Please give us/provide us with references.

Bitte stellen Sie uns Informationen über ... zur Verfügung.	Please provide us with information on/about ...
Wie ist der Ruf des Unternehmens in der Branche?	What reputation does the company enjoy in the field?
Ist das Unternehmen kreditwürdig?	Is the company creditworthy?
Halten Sie es für ratsam?	Do you think it recommendable?/Do you think it advisable?
Ist die Firma ... im Handelsregister des Amtsgerichts ... eingetragen?	Is there an entry of Commercial Register of the Local Court ...?
Wer ist der Geschäftsführer der ...?	Who is the managing director of ...?
Wer ist in diesem Fall vertretungsberechtigt?	Who has power of representation in this case?
Sind Sie für diesen Vertrag unterzeichnungsberechtigt?	Are you authorized to sign this contract/agreement?
Haben Sie gegen die Firma ... noch ausstehende Forderungen?	Are there any outstanding liabilities of ... with your company?/Does ... have any outstanding liabilities with your company?

Satzbausteine: Bereitstellen von Informationen

Wie aus unseren Unterlagen hervorgeht ...	As we can take from our records .../As it appears from our records ...
Unsere Nachforschungen haben ergeben ...	Our investigations have shown that .../As we have learnt in the course of our examination (in this matter) ...
Wir möchten Ihnen nahe legen, nicht mit ... in Geschäftsbeziehung zu treten.	May we recommend you not to enter into business relations with ...
Wir werden in diesem Zusammenhang gerne für Sie weiter nachforschen.	We will be pleased to make further inquiries in this matter for you.
Auf Wunsch stellen wir Ihnen gerne Kontoauszüge unserer Bank zur Verfügung.	On request, we will gladly provide you with statements of account of our bank/bank statements.
Nach unserem Kenntnisstand ...	As far as we know ...
Wir pflegen seit langem angenehme Geschäftsbeziehungen mit ...	We have enjoyed pleasant business relations with ... for a long time.
Soweit wir sagen können ...	As far as we can tell ...

Eine Zusammenstellung unserer Informationen finden Sie beiliegend.	Please find enclosed a summary/compilation of the information we found.
Leider können wir Ihnen nur vage Informationen in dieser Angelegenheit anbieten.	Unfortunately, we are only able to provide you with evasive information in this matter.
Wir bedauern, dass wir Ihnen über ... nichts Genaues sagen können.	Unfortunately, we have no definite opinion on .../We regret being unable to give you any more detailed information about ...

Satzbausteine: Abschluss

Wir wären Ihnen dankbar, wenn Sie diese Angelegenheit (streng) vertraulich behandeln würden.	We would appreciate your handling this matter as (strictly) confidential.
Da eine zeitnahe Entscheidung in dieser Angelegenheit erforderlich ist, wären wir Ihnen für eine umgehende Beantwortung unserer Anfrage dankbar.	Since we will soon have to make/take/render a decision in this matter, we would be grateful if you could reply to this enquiry/inquiry as soon as possible.

Wir danken Ihnen bereits jetzt für Ihre freundliche Unterstützung.	We would like to thank you in advance for your kind assistance.
Diese Information ist streng geheim.	This information is subject to strict confidentiality.
Aus Gründen des Datenschutzes können wir Ihnen dazu leider keine Auskunft erteilen.	For reasons of data protection, we are unfortunately not able to provide you with information in this regard.
Wir sind für jegliche Informationen dankbar.	We appreciate any kind of information.
Wir möchten Sie noch einmal darauf hinweisen, dass wir diese Auskunft ohne Gewähr erteilen.	We would like to point out once more that we refuse to take any responsibility for the information provided.
Sie können versichert sein, dass wir die Angelegenheit vertraulich behandeln.	You may rest assured that we will treat this matter confidentially.
Wir bedauern zutiefst, dass wir Ihnen (in dieser Angelegenheit) keine positive Auskunft erteilen konnten.	We deeply regret not being able to give you any more favo(u)rable information (in this regard).

Vokabeln: rund um das Einholen von Informationen

auf Verhandlungsbasis	to be negotiated
Auskunft erteilen über jemanden	give information about someone
betreffend (die betreffende Firma)	concerned (the company concerned)
Branche	field, industry, sector
Einzelheiten	details, particulars
Ersuchen nach Kreditauskünften	credit enquiry (BE)/ inquiry (AE)
finanzielle Situation (eines Unternehmens)	financial standing/ situation/status (of a company)
guter Ruf, einen guten Ruf genießen	good reputation/ sound reputation, enjoy a good reputation
Handelskammer	chamber of commerce
Hauptsitz	headquarters
Kredit aufnehmen	to raise a loan, take out a loan
Kredit gewähren	grant credit
kreditwürdig	creditworthy
persönlich und vertraulich	personal and confidential
Referenz	reference
Überziehungskredit	overdraft
verhandeln	negotiate
verlässlich	reliable

Vermögen (eines Unternehmens)	(company) assets
vertraulich behandeln	treat as confidential, treat confidentially
Vorsicht walten lassen, vorsichtig handeln	proceed with precaution, treat (sth) carefully
Zahlungsrückstand	delay in payment
zögerliche Zahlung	slow payment

Spricht man im Englischen von einer Institution im Allgemeinen, so wird die Bezeichnung klein geschrieben (z. B. „eine Handelskammer" = „a chamber of commerce"); ist hingegen eine bestimmte Institution gemeint, wird die Bezeichung groß geschrieben (z. B. „die Handelskammer München" = „the Chamber of Commerce in Munich").

False Friends			
Deutsch	**Englisch**	**Englisch**	**Deutsch**
Branche	field, sector, industry	branch	Niederlassung, Zweigstelle
Konzern	group	concern	Anliegen, Sorge, Zweifel
		concerned	betreffend, besorgt

Vokabeln: rund um die Unternehmenssituation

Amtsgericht	local court
ausstehende Forderung	outstanding payment, liabilities
ehrlicher Ruf	reputation for honesty
eingetragen auf den Namen von ...	registered in the name of ...
fällig	due
fälschen	forge
finanzielle Forderung	financial claim
Finanzinstitut	financial institution, bank
Geschäftsbücher	(business) records
Geschäftsgebaren	business methods, business behavior
Geschäftskreise	business circles
Gutachten	(expert) opinion
Handelsadressbuch	commercial directory
Handelsregister	commercial register
Kreditauskunft	credit enquiry, credit information
Kreditlimit	credit limit
Referenz	reference
überfällig	overdue
unterzeichnungsberechtigt	authorized to sign
Verbindlichkeiten	liabilities
vertraulich	confidential
zweifelhaft	doubtful, dubios

Der Begriff „headquarters" steht im Englischen stets im Plural und bedeutet im Deutschen „Hauptsitz" (Singular und Plural).

False Friends			
Deutsch	**Englisch**	**Englisch**	**Deutsch**
Diskretion	confidentiality	discretion	Ermessen
Haftung	liability	liabilities	Verbindlichkeiten, Forderungen
Prokurist	person authorized to sign	procurist, procurer	Zuhälter

2.2 Kostenvoranschlag

In diesem Zusammenhang steht vor allem der Inhalt des Schreibens im Vordergrund; dabei ist darauf zu achten, dem Gegenüber die Zusammenstellung von oft „trockenen" Fakten und Zahlen übersichtlich zu präsentieren.

<u>Cost Estimate for Consulting Services</u>

Dear Mr. Yakeshugo:

Further to our telephone conversation of yesterday, let me please give you a short overview of the different cost items which are to be taken into consideration with regard to the project you mentioned:

Preparatory Work
Analysis of the Market Situation
(market research, customer evaluation including preparation and presentation of material)
general fee: €500.00

Travel Expenses
(from and to your office including accommodation)
estimated €25,000.00

Consulting Services
Senior Consultant: €420.00 per hour
Associate Consultant: €250.00 per hour

Mailing Expenses
(postage, copying costs, typing costs, telephone etc.)
approx. €250.00

Considering the specialized field of your project and the complexity of the subject, we are assuming that 500 working hours are to be expected. Moreover, additional costs will inevitably be incurred. The reason therefore lies in the necessity to activate our international network of associated partners in order to guarantee a successful outcome of the project.

Please be aware that we will have to charge out-of-office work separately.

Thus, a total amount of €193,250.00 is to be expected.

We trust that our prices compare favorably and would be delighted to submit you a firm offer for our participation in this matter. Being part of this challenging project would constitute an outstanding occasion for our company to prove the excellency of our consulting knowledge.

Looking forward to your response, we remain

yours very truly,

Peter Pierce
Executive Consultant

<u>Kostenvoranschlag für Beratungsleistungen</u>

Sehr geehrter Herr Yakeshugo,

bezugnehmend auf unser gestriges Telefongespräch

möchte ich Ihnen einen kurzen Überblick über die verschiedenen Kostenpositionen, die in dem genannten Projekt in Betracht zu ziehen sind, geben:

Vorbereitung
Analyse der Marktsituation
(Marktforschung, Kundenbewertung einschließlich Vorbereitung und Präsentation des Materials)
Pauschalbetrag: € 500,00

Reisekosten
(An- und Abreise zu Ihrem Büro, Unterbringung)
voraussichtlich € 25.000,00

Beratungsleistungen
Leitender Consultant: € 420,00pro Stunde
Partner Consultant: € 250,00 pro Stunde

Porto- und Versandgebühren
(Porto, Kopier- und Schreibkosten, Telefon, etc.)
ca. € 250,00

In Anbetracht des Fachgebiets Ihres Projekts und der Komplexität der Materie, nehmen wir an, dass mit ca. 500 Arbeitsstunden zu rechnen sein wird. Darüber hinaus werden unausweichlich Zusatzkosten entstehen, was darauf zurückzuführen ist, dass wir unser internationales Partnernetzwerk einschalten müssen, um den Erfolg des Projektes sicherzustellen.

Bitte beachten Sie, dass wir für Leistungen außerhalb des Büros extra Kosten berechnen müssen.

Damit ist mit einem Gesamtbetrag von
€ 193.250,00 zu rechnen.

Wir sind uns sicher, dass unsere Preise wettbewerbsfähig sind und würden uns freuen, Ihnen ein Festangebot für unsere Beteiligung an dem Projekt unterbreiten zu dürfen. Die Arbeit an diesem anspruchsvollen Projekt stellt für unser Unternehmen eine hervorragende Gelegenheit dar, um unsere ausgezeichnete Beratungserfahrung unter Beweis zu stellen.

In Erwartung Ihrer Antwort, verbleiben wir

mit freundlichen Grüßen

Peter Pierce
Leitender Consultant

Satzbausteine: Einleitung

Wie telefonisch besprochen ...	As agreed via telephone .../As discussed on the phone ...
Vielen Dank für Ihre Anfrage.	Thank you for your enquiry/inquiry.
Wir danken für Ihr Interesse an unserem Unternehmen und unterbreiten Ihnen gerne den folgenden Kostenvoranschlag.	We appreciate your interest in our company and are pleased to submit the following estimate of costs.
Auf Wunsch besprechen wir auch gerne die Möglichkeit einer maximalen Kostenbegrenzung.	Upon request, we will be pleased to discuss the possibility of capping costs.
Bitte machen Sie uns einen Kostenvoranschlag für die Waren.	Please let us have a cost estimate for the goods./Please let us have/Provide us with an estimate of the costs due for the goods.

Satzbausteine: Mittelteil

Die voraussichtlichen Kosten für das Projekt belaufen sich ...	The costs for the project will presumably amount to ...

In diesem Zusammenhang ist mit zusätzlichen Kosten zu rechnen.	Additional costs are likely to arise in this context.
Wir schätzen den Kostenanteil auf ...	We estimate the share in costs to be ...
Der Gesamtaufwand wird sich voraussichtlich auf ... belaufen.	The overall expenditure will presumably amount to ...
Wir rechnen mit ca. 500 Arbeitsstunden.	We calculate/expect approximately 500 working hours.
Insgesamt ist mit ... Arbeitsstunden zu rechnen.	All in all ... working hours are to be expected.
Der endgültige Preis richtet sich nach den Marktpreisen zur Zeit der Auftragserteilung.	The final price will vary according to the market prices of the date of placing of the order./ The final price will depend on the prices given in the market on the date of the order.

Satzbausteine: Abschluss

Wir sind uns sicher, dass unsere Kosten sich vorteilig darstellen.	We are confident that our costs compare favo(u)rably.

Wir hoffen, dass dieser Voranschlag Ihren Erwartungen entspricht.	We hope that this estimate meets your expectations.
Wir würden uns freuen, wenn eine Zusammenarbeit mit Ihrem Unternehmen zu Stande käme.	We would be delighted if the possibility of co-operating with your company arises.
Gerne unterbreiten wir Ihnen auch ein festes Angebot für dieses Projekt.	We will be pleased to submit you a firm offer for this project.

Vokabeln: rund um den Kostenvoranschlag

abrunden	round down
abziehbar	deductible
abziehen	deduct
Abzüge	deductions
abzüglich	minus
Allgemeine Geschäftsbedingungen (AGB)	general terms and conditions of business
anbieten	offer, quotation
anfallen (Kosten)	(costs) arise
Angebot	offer
aufrunden (auf)	round up (to)
berechnen (jemandem)	charge (somebody for something)
Beteiligung	participation

erwartet	expected
geschätzt	estimated
herausfordernd, anspruchsvoll	challenging
hinzukommen	add
Kosten	costs
Kostenvoranschlag	cost estimate
lediglich	merely, only
leitender ..., geschäftsführender ...	executive, senior
Netzwerk	network
plus Mehrwertsteuer (MwSt.)	plus value-added tax (VAT)
Überblick	overview
ungefähr	approximately
veranschlagen	estimate, calculate
Verhältnis	ratio
voraussichtlich	presumable, probable
zu erwarten	to be expected
zu hoch veranschlagen	overestimate
zu niedrig veranschlagen	underestimate

Vokabeln: rund um die Kostenpositionen

Auslagen, Kosten	expenses
Beratung, Dienstleistungen	consulting, advising services

Gesamtbetrag	overall amount, total amount, aggregate amount, total
Kopierkosten	copying costs
Kostenposition	cost item
Kundenbewertung	customer evaluation
Marktanalyse	analysis of the market situation, market analysis
Marktforschung	market research
Porto- und Versand-gebühren	mailing expenses
pro Stunde	per hour
Reisekosten	travel expenses
Schreibkosten	typing costs
Unterkunft	accommodation
Versandkosten, Lieferkosten	delivery costs
Vorbereitung	preparation
zusätzlich(e Kosten)	additional (costs)
Spesen	(out-of-pocket) expenses
Entschädigung	compensation
Erstattung	reimbursement

Zu beachten ist, dass im Deutschen von „Unannehmlichkeit<u>en</u>" (Plural) gesprochen wird, während im englischsprachigen Raum „inconvenience" nur im Singular verwendet wird.

2.3 Angebot

Ein Angebot soll den Empfänger eindeutig und klar über die Art, Menge und Qualität der Waren, Preise (gegebenenfalls Rabatte oder andere Preisnachlässe) sowie Liefer- und Zahlungsmodalitäten informieren. Auch hier liegt das Hauptaugenmerk auf der Übersichtlichkeit des Aufbaus und der Kalkulation.

> Dear Ms Autumn
>
> <u>Your Enquiry of September 13, 2005</u>
>
> Many thanks you for your letter and your interest in our handmade cardigans "Princess Lilly".
>
> Our company stands for excellent quality embodying the traditional style and comfort of Scottish knitwear. The cardigans you are interested in are among our best-selling items and enjoy an outstanding reputation throughout the world.
>
> In order to enable you a better understanding of the quality and nature of the goods, we are enclosing an exquisite brochure giving information about the raw materials as well as the processing techniques used.

The price per item is £100 quoted FOB German port. Bulk discounts are available upon request. Deliveries can be made within a fortnight after receipt of order.

Payment is to be effected within 10 days from receipt of the goods. We grant an early payment discount of 3 %. For further information in this regard please refer to our General Terms of Business which we are enclosing for your convenience.

Hoping to receive your order soon

Yours faithfully
Arthur McPierce

Encs.

<u>Ihre Anfrage vom 13. September 2005</u>

Sehr geehrte Frau Autumn,

vielen Dank für Ihr Schreiben und Ihr Interesse an unseren handgefertigten Strickjacken „Princess Lilly".

Unser Unternehmen steht für ausgezeichnete Qualität, die zudem den traditionellen Stil und Komfort schottischer Strickwaren vereint. Die Strickjacken, für die Sie sich interessieren, gehören zu unseren meist verkauften Artikeln und genießen einen herausragenden Ruf auf der ganzen Welt.

Um Ihnen ein besseres Verständnis der Qualität und Art der Ware zu vermitteln, legen wir eine exklusive Broschüre mit Informationen über die verwendeten Rohstoffe sowie Verarbeitungsmethoden bei.

Der Stückpreis liegt bei £ 100 FOB ab deutschem Hafen. Die Möglichkeit eines Mengenrabatts besteht auf Anfrage. Die Lieferung ist innerhalb von 14 Tagen nach Auftragseingang möglich.

Die Zahlung hat innerhalb von 10 Tagen nach Erhalt der Waren zu erfolgen. Wir gewähren Skonto von 3 %. Bezüglich weiterer Informationen in diesem Zusammenhang dürfen wir Sie auf unsere allgemeinen Geschäftsbedingungen, die wir zum gefälligen Gebrauch beilegen, verweisen.

Wir würden uns freuen, bald einen Auftrag von Ihnen zu erhalten.

Mit freundlichen Grüßen
Arthur McPierce

Anlagen

Einige Unternehmen unterbreiten ein Angebot, indem Sie die möglichen Kosten auf einer Liste zusammenstellen, die in der Form eines Formulars oder internen Standardschreibens einem kurzen Anschreiben als separates Dokument beiliegt. Die optische Gestaltung der Informationen obliegt dabei selbstverständlich dem einzelnen Unternehmen.

Rechnen im Englischen

ungerade Zahl	odd number
gerade Zahl	even number
Bruchteil	fraction
Addieren 1 + 1 = 2	add 1 plus/and/added to 1 is/makes 2
Substrahieren 2 – 1 = 1	subtract/deduct 2 less/minus 1 is/makes 1
Multiplizieren 2 x 1 = 2	multiply 2 times 1 is/makes 2
Teilen/dividieren 1 : 1 = 1	divide 1 divided by 1 is/makes 1

Im Folgenden werden die Besonderheiten bei der Angabe von Geldbeträgen dargestellt:

- Das Währungssymbol steht vor dem Betrag: *US$50,000*;

- Das Währungssymbol steht unmittelbar vor dem Betrag, d. h. ohne Leerzeichen zwischen Währung und Betrag: *US$50,000*;
- Wird kein Währungssymbol verwendet, werden die Währungen klein geschrieben:
  10 euros, 1000 dollars;
- Währungsangaben erfolgen stets im Plural:
  10 euros, 1000 dollars;
- Millionen- oder Milliardenbeträge können sowohl in vollständigen Zahlen als auch in Worten dargestellt werden:
  $1,000,000.00 = 1 million = 1m
  $1,000,000,000.00 = 1 billion = 1bn
- Grundsätzlich wird bei der Angabe von Zahlen im Englischen ein Komma gesetzt, wo im Deutschen ein Punkt verwendet wird, und umgekehrt:
  1,000,000.00 = 1 m; 100,000; 0.25; 33.56 %
- Bei der Verwendung von Geldbeträgen ist auch auf Singular (Einzahl) und Plural (Mehrzahl) der Verben zu achten. Das Verb wird bei *genauen* Geldbeträgen im Singular verwendet, z. B.: „Fifty dollars is too high a price for a booklet." („Fünfzig Dollar sind ein zu hoher Preis für ein kleines Buch.") Ist hingegen der Geldbetrag nur *ungefähr* genannt, so wird das Verb im Plural verwendet, z. B.: „Many millions of euros were donated to the victims of the earthquake." („Viele Millionen Euro wurden für die Erdbebenopfer gespendet.")

False Friends			
Deutsch	Englisch	Englisch	Deutsch
Billion	trillion	billion	Milliarde

Satzbausteine: Angebot darstellen

Wir würden uns freuen, Sie bald zum Kreis unserer Kunden zählen zu dürfen.	We would be pleased to count you among our customers soon.
Unser Angebot ist 10 Tage gültig.	This offer is valid for 10 days.
Unsere Waren finden guten Absatz.	Our goods find a ready market.
Wir hoffen/sind uns sicher, dass unser Ange-bot Ihnen zusagt.	We hope/trust/are confident that our offer will appeal to you/find your approval.
Der Versand der Waren erfolgt umgehend bei Auftragseingang.	Shipment will be effected upon receipt of your order.
Wir hoffen, dass die Qualität unserer Waren Ihnen zusagt.	We hope that the quality of our goods will find your approval.
Unsere Preise verstehen sich zuzüglich MwSt/Ust.	Our prices are quoted/are plus VAT/sales tax.
... erfüllen Ihre Erwartun-gen.	... will meet your expectations.

sich (besonders) gut verkaufen.	to sell (particularly) well
Anbei übersenden wir Ihnen unseren aktuellen Katalog zusammen mit Mustern.	Please find enclosed our latest catalogue (BE)/ catalog (AE) as well as samples.
Wir versichern Ihnen, dass unsere Konditionen Ihnen zusagen.	We assure you that our conditions will be to your liking.
Anbei übersenden wir Ihnen wunschgemäß ...	We are sending you ... as requested.
Wir sind uns sicher, dass die Erledigung Ihres Auftrags zu Ihrer vollsten Zufriedenheit erfolgen wird.	We trust that completion of your order will meet your full satisfaction.
Wir versichern Ihnen, dass wir bei der Bearbeitung Ihres Auftrags äußerste Sorgfalt walten lassen.	Please be assured that we will take utmost care when dealing with your order.
Dieses Angebot ist freibleibend.	This offer is subject to change.
Wir fordern einen Rabatt von 5 %.	We claim a discount of 5 %.
Neukunden erhalten bei uns einen Rabatt von 3 %.	First-time customers will receive a discount of 3 %.

Diese Produkte haben wir grundsätzlich auf Lager.	These products are generally in stock/ available.
Wir verkaufen die Ware unter dem Marktpreis, da wir unsere Lager auflösen.	We are selling below market price in order to clear our stocks.
... zu konkurrenzfähigen Preisen ...	... at competitive prices ...
Wir können auf diese Waren leider keinen Mengenrabatt gewähren, da unsere Preise äußerst scharf kalkuliert sind.	Unfortunately, we are unable to grant a quantity discount on these goods since our prices are stringently calculated.
Wir bedauern, diesen Auftrag nicht annehmen zu können.	We regret being unable to accept this order.
Vielen Dank für Ihre Anfrage vom ...	Thank you for your enquiry (BE)/ inquiry (AE) of
Wir freuen uns, Ihnen mitteilen zu können ...	We are glad/pleased to inform you that ...

Vokabeln: rund um das Angebot

abzüglich 5 %	less 5 %
angeben (z. B. Preise)	stipulate/indicate/quote/ give (prices)
Angebot	offer, quotation

Angebot (Sonderpreis)	special offer
Anzahlung	down payment, advance payment
auf Anfrage	upon request
auf Lager	available/in stock
Auftragslage	order situation
ausführen (einen Auftrag)	execute/complete (an order)
Bedarf	requirement
beiliegend	enclosed
Bestätigung	confirmation
Binnennachfrage	domestic demand
Broschüre	brochure, leaflet
brutto	gross
Einführungsangebot	introductory offer
einschließlich Verpackung	package/packing included
erhalten	receive, obtain
erhältlich sein	be available
erheben, berechnen	charge
Erstauftrag	initial offer
festes Angebot	firm offer, binding offer
Folgeauftrag	repeat order, follow-up order
Geschäftsbedingungen	business conditions/terms of business
gültig (ab) ...(Datum)	valid (as of) ... (date)
im Ausland	abroad

im Voraus	in advance
Informationsmaterial	descriptive literature
innerhalb ... (Zeitraum)	within ...
Lieferbedingungen	terms of delivery
Lieferdatum	delivery date
Mehrwertsteuer	VAT, value-added tax
Mengenrabatt	quantity discount, bulk discount
Muster	sample
nach Erhalt ...	after receipt of ...
netto	net
Pauschalbetrag	general fee, lump sum
Preisliste	price list
Preisschwankungen	price fluctuations
pro Stück	per item, per unit, per piece
Probeauftrag	trial offer
Prospekt	brochure, leaflet
Rate	instalment (BE)/ installment (AE)
Rechnung	invoice
Schnäppchen	bargain
sich richten nach	vary according to ...
Skonto	cash discount, early-payment discount
solange Vorrat reicht	while stocks last
Stück, Einheit	item, piece, unit

Umsatzsteuer	sales tax
unverzüglich, umgehend	immediately, promptly
Verkauf (Abteilung)/	sales department/
Vertrieb	distribution
Versand	shipment , dispatch/ despatch
Versandabteilung	dispatch/despatch department

Die englischsprachige Bezeichnung „Shipment" kann sowohl den „Versand der Waren" als auch die „Warensendung" an sich bedeuten!

False Friends			
Deutsch	**Englisch**	**Englisch**	**Deutsch**
Prospekt	brochure, leaflet	prospect	zukünftig, potenziell

2.4 Auftrag

Nach Erhalt und Prüfung des Angebots erfolgt die Erteilung des Auftrags, d. h. die Bestellung, sofern der zukünftige Käufer mit den Konditionen des Verkäufers einverstanden ist. Die Auftragserteilung an sich erfolgt heutzutage relativ formlos, oft auch in einem kurzen Schreiben per E-Mail. Dies hängt von den internen Gepflogenheiten jedes Unternehmens ab.

Subject: Order for Italian Flavored Pasta Sauce *Buon Appetito*

Dear Mr. Miller:

Thank you for your e-mail of June 21, 2005 giving us detailed information regarding your products, prices, availability and your terms of delivery as well as for sending us samples via DHL.

Your offer and the quality of the samples found our approval. Therefore, we are pleased to inform you that we have come to the decision to place an order with your company.

Please send us 12,000 boxes (with 20 bags each) of your pasta pasta sauce "Buon Appetito" at the prices stipulated in your quotation.

We enclose a check in the amount of US$20,000 for payment of the above-mentioned delivery. In order to ensure prompt shipment of this order, please acknowledge this order at the earliest possible date.

We trust that you will take utmost care in the completion of our order. In case the quality of your goods and your conditions meet our expectations, we are confident that this will lead to further successful business relations with your company.

Kind regards,

Ute Schnülerberger
(Purchasing Department)

Betreff: Bestellung italienischer Nudelsoße *Buon Appetito*

Sehr geehrter Herr Miller,

vielen Dank für Ihre E-Mail vom 21.06.05, mit der Sie uns genauere Angaben über Ihre Produkte, Preise, Lieferbarkeit und Lieferbedingungen zukommen ließen, sowie für die Muster, die Sie uns per DHL-Kurier übersandt haben.

Ihr Angebot sowie die Qualität der Muster sagen uns zu. Wir freuen uns daher, Ihnen mitteilen zu dürfen, dass wir zu dem Entschluss gekommen sind, Ihrem Unternehmen einen Auftrag zu erteilen.

Bitte übersenden Sie uns 12.000 Kisten (á 20 Tüten) Ihrer italienischen Nudelsoße „Buon Appetito" zu dem in Ihrem Angebot angegebenen Preis.

Für die Zahlung der genannten Bestellung legen wir einen Scheck über US$ 20.000 bei. Um den umgehenden Versand der Waren sicherzustellen, möchten wir Sie bitten, diesen Auftrag so schnell wie möglich zu bestätigen.

Wir sind uns sicher, dass Sie unseren Auftrag mit größtmöglicher Sorgfalt ausführen werden. Wenn die Qualität der Waren und Ihre Bedingungen unseren Erwartungen entsprechen, sind wir zuversichtlich, dass dies zu einer weiteren, erfolgreichen Geschäftsbeziehung mit Ihrem Unternehmen führen wird.

Mit besten Grüßen

Ute Schnülerberger
Einkauf

Beachten Sie, dass die deutsche Phrase „eine Bestellung **bei** Jemandem aufgeben" im Englischen wie folgt ausgedrückt wird: „to place an order **with** someone".

Satzbausteine: die Bestellung/der Auftrag

Vielen Dank für Ihr Angebot vom ... (Bitte übersenden Sie uns ...)	Thank you for your offer/quotation of ... (We would be glad if you would supply ...)
Wir bestellen .../Wir erteilen Ihnen gerne einen Auftrag.	We are pleased to place an order for .../We are glad to place an order with you.
Wir stimmen Ihren Bedingungen zu.	We agree to your terms.
Bitte liefern Sie ...	Please supply ...
Die Bedingungen in Ihrem Angebot sagen uns zu.	The conditions and terms of your quotation are acceptable/find our approval.
Wir behalten uns das Recht vor ...	We reserve the right to ...
Die Qualität der Waren muss dem Muster entsprechen.	The quality of the goods must match/come up to/be in accordance with/correspond to the samples.
Wir wären Ihnen für eine schnelle Bearbeitung dieses Auftrags dankbar.	We would be grateful for your prompt attention to this order/handling of this order.

Bitte übersenden Sie uns Muster und weitere Informationen.	Please provide us with samples and further information.
Die angegebenen Lieferdaten sind unbedingt einzuhalten.	Please ensure that the stipulated delivery dates are strictly observed.
Dieser Auftrag unterliegt unseren Allgemeinen Geschäftsbedingungen.	This order is subject to our General Terms and Conditions of Business.
Können Sie bis zum ... liefern?	Is delivery possible by ...?
Für die äußerst sorgfältige Ausführung dieses Auftrags wären wir Ihnen dankbar.	We would appreciate your taking special care when completing this order.
Bitte beachten Sie unsere Anweisung sorgfältig.	Your careful attention to our instructions will be appreciated./We trust that you will pay care to our instructions.
Ihre Warenproben haben unser großes Interesse geweckt.	Your product specimen greatly attracted our interest.
Gemäß Ihren Anweisungen ...	As instructed/In accordance with your instructions ...

Können Sie uns darauf eine Garantie geben?	Could you please give us a guarantee on that?
Sollte die Qualität Ihrer Produkte nicht unseren Erwartungen entsprechen, behalten wir uns das Recht vor, diese Waren zurückzusenden.	If the quality of your products does not meet our expectations, we reserve the right to return these goods.
Bitte achten Sie darauf, dass die Waren wie üblich beschriftet sind.	Please make sure that the goods are marked as usual.

Die deutschsprachigen Begriffe „Warenproben/Proben" werden im Englischen sowohl im Singular als auch im Plural mit „specimen" übersetzt.

Vokabeln: rund um den Auftrag

Absatz, Umsatz, Verkaufszahlen	sales
annehmen	accept
Anschlussauftrag	follow-up order, repeat order
Anweisungen	instructions
Auftrag, Bestellung	order
Auftragsnummer, Bestell-nummer	order number

Ausschreibung	tender
ausführen (Auftrag)	execute, fulfill, deal with, handle (an order)
Barkauf	cash purchase
bearbeiten (Auftrag)	process/handle an order
bestellt	on order, ordered
Direktverkauf	direct sale
Eilbestellung	rush order
erteilen (einen Auftrag)	place, give, submit (an order)
Garantie	warranty, guarantee
garantieren	guaranty, to give a guarantee
Gegenangebot	counter-offer
Gesamtbetrag	total, total amount, overall amount, aggregate amount
Gewinn einbringen	generate profit, show (a) profit
Handel treiben	trade
mit etwas Handel treiben	trade in something
Kauf bestätigen	confirm a purchase
kaufen	buy, purchase
Käufermarkt	buyer's market
Kommissionsverkauf	commission sale
Menge	quantity, amount number
mit Verlust verkaufen	sell at a loss

Neukunde	first-time customer, new customer
Probeauftrag	trial order
Ratenkauf	hire purchase
regelmäßige Käufer	regular purchaser
Rückfrage	query
sorgfältig ausführen	execute carefully
stornieren (Auftrag)	cancel (an order)
übliche Beschriftung	usual labelling (BE)/ labeling (AE)
Umsatz fördern	encourage sales, boost sales
unterschätzen	underestimate
veranlassen (Auftrags-ausführung)	put in hand, arrange for (execution/completion of an order)
Verkaufsargument	sales pitch
verweigern (die Annahme)	refuse (acceptance)
Vorausbestellung	advance order
zur Ansicht, auf Probe	on trial, for inspection

Vokabeln: rund um den Preis

angeben (Preis)	stipulate, indicate, quote
Bruttopreis	gross price
Einführungsrabatt	introductory discount
Einzelhandelspreis	retail price

fester Preis	firm price, binding price
festlegen (einen Preis bei $ ...)	establish (a price at $...)
Gesamtpreis	total price, overall price
Großhandelspreis	wholesale price
günstiger Preis	favourable (BE) price, favorable price (AE)
Katalogpreis	catalogue (BE) price, catalog (AE) price
Kaufpreis	purchase price
Nettopreis	net price
Preisanstieg	increase in prices, rise in prices
Preisfestsetzung	pricing
Preisnachlass	discount, price reduction
Preispolitik	price policy
Spanne	margin
steigende Preise	increasing prices, rising prices
Stückpreis	price per unit/item, unit price
Tiefpreis	low price, keen price
ungünstiger Preis	unfavo(u)rable price
Unterbieten von Preisen der Konkurrenz, Dumping	dumping
wettbewerbsfähiger Preis	competitive price
zuzüglich	plus

Die englischsprachigen Begriffe „price" und „prize" sollten nicht miteinannder verwechselt werden. Denn die Bezeichnung „price" bedeutet im Deutschen soviel wie „Preis" oder „Kosten", wohingegen der Ausdruck „prize" im Sinne eines Gewinns oder einer Auszeichnung verwendet wird.

Längen und Flächen

In Deutschland verwendet man im Gegensatz zu Großbritannien und den USA das metrische System (metric system). Allerdings sind in Großbritannien aufgrund der Nähe zu Europa auch die metrischen Maße bekannt.

Längen:

GB/USA	D
1 inch	2,54 cm
1 foot	30,48 cm
1 yard	91,44 cm
1 mile	1,60934 km

D	GB/USA
1 cm	0,3937 inches
1 m	1,0936 yards
1 km	0,6214 miles

Flächen:

GB/USA	D
1 square inch	6,4516 cm^2
1 square foot	0,0929 m^2
1 square yard	0,8361 m^2
1 square mile	2,58999 km^2

D	GB/USA
1 cm^2	0,1550 square inches
1 m^2	10,7639 square feet
1 km^2	0,387 square miles

2.5 Ablehnung eines Angebotes

Entspricht ein Angebot nicht den Erwartungen des potenziellen Geschäftspartners, so hat er die Möglichkeit das Angebot abzulehnen. Dies geschieht oft in einem formlosen, kurzen Schreiben, wobei für gewöhnlich die Gründe für die Ablehnung dargelegt werden. Insofern hat die Gegenseite die Möglichkeit, auf diese Punkte einzugehen und Eingeständnisse zu machen, um so einen Geschäftsabschluss doch noch zu ermöglichen. Grundsätzlich wird in diesem Zusammenhang ebenfalls ein höflicher aber dennoch bestimmter Ausdrucksstil verwendet.

Dear Ms Smith

Your Offer for Teddy Bears "Cuty"

Thank you for your quotation of March 13, 2005. We regret having to tell you that the conditions and prices stipulated in your offer did not meet our expectations. We are therefore unable to give you an order.

Unless you can offer us a special discount or make other concessions, we see ourselves obliged to refer to another supplier.

Awaiting your reply, we remain,

yours faithfully

Birgit Mayer
(Purchasing Department)

Ihr Angebot für Teddybären „Cuty"

Sehr geehrte Frau Smith,

vielen Dank für Ihr Angebot vom 13.03.05. Wir bedauern, Ihnen mitteilen zu müssen, dass die in Ihrem Angebot angegebenen Preise und Bedingungen nicht unseren Erwartungen entsprechen. Es ist uns daher nicht möglich, Ihnen einen Auftrag zu erteilen.

Sofern Sie uns keinen Sondernachlass oder anderweitige Zugeständnisse anbieten könnten, sehen wir uns gezwungen, uns an einen anderen Lieferanten zu wenden.

In Erwartung Ihrer Antwort verbleiben wir

mit freundlichen Grüßen

Birgit Mayer
Einkaufsabteilung

Satzbausteine: Ausdruck des Bedauerns

Leider ...	Unfortunately ...
Es tut uns leid ...	We are sorry ...
Wir bedauern, Ihnen keinen Auftrag erteilen zu können.	We regret not being able to give you an order./ We regret being unable to place an order with you.

Wir bedauern (zutiefst), Ihnen mitteilen zu müssen ...	We (deeply) regret having to inform you .../It is with (deep) regret that we have to inform you ...
Wir sind leider nicht in der Lage, eine Bestellung aufzugeben.	Unfortunately, we are not in the position to place an order.
Bitte entschuldigen Sie die von uns verursachten Unannehmlichkeiten.	Please accept our apologies for the inconvenience caused by us.

Satzbausteine: Begründung einer Absage

Wir haben gerade erst ...	We have only shortly ...
Wir haben (derzeit) keinen Bedarf an ...	We are (currently/at the moment) not in need of .../(Currently/At the moment) we do not require ...
Da dieser Mangel bereits mehrmals in der Vergangenheit aufgetreten ist, sehen wir uns gezwungen ...	Since this fault has already occurred several times in the past, we see ourselves obliged to ...
Ihre Zahlungs- und Lieferbedingungen sagen uns nicht zu.	Your terms of payment and delivery are unfavo(u)rable for us.

Die derzeitige Wirtschaftslage gestattet uns nicht, langfristige Investitionen zu tätigen.	Due to the present economic situation we do not see ourselves in the position to make long-term investment.
Da die letzten Aufträge nicht zu unserer Zufriedenheit ausgeführt wurden, beabsichtigen wir, keine weiteren Geschäfte mit Ihnen zu tätigen.	Since the latest orders were not executed to our satisfaction, we do not wish to conduct any further transactions with your company.
Da die Erledigung unserer letzten Bestellungen nicht unseren Erwartungen entsprochen hat, werden wir zukünftig nicht mehr auf Sie zukommen.	As the completion of our last orders did not meet our expectations, we will not refer to you in the future.
Die unerwartete Insolvenz eines unserer Kunden hat uns in eine schwierige Lage versetzt.	The unexpected isolvency of one of our customers has put us in a difficult situation.
Ihre Produkte sind (leider) zu teuer.	(Unfortunately,) the prices of your products are unfavo(u)rable./Your products are (unfortunately) too highly priced.

Wir haben unser Lager erst kürzlich aufgefüllt.	We have only recently replenished our stocks.
Wir sehen uns leider gezwungen ...	We regret being compelled to ...
Unsere Auftragslage lässt es momentan nicht zu, Ihnen einen Großauftrag zu erteilen.	Our current order situation does allow us to place a substantial order with your company.
Aber wir sind überzeugt, dass wir den Verlust dieses Auftrags wieder gutmachen können.	We are confident that we will be able to compensate you for the loss of this order./We are convinced that we will be able to make up for the loss of this order.
Dennoch behalten wir uns das Recht vor, im Falle zukünftigen Bedarfs auf Sie zurückzukommen.	However, we reserve the right to come back on you in case of future demand.

Satzbausteine: Gegenvorschlag unterbreiten

Wir haben Ihre Anregungen überprüft und möchten Ihnen nun den folgenden Vorschlag unterbreiten.	We have examined your suggestions and would now like to make the following proposal.

Gerne kommen wir Ihnen in diesem Punkt entgegen.	We will be pleased to make concessions with regard to this aspect.
Wir hoffen, dass unser Gegenangebot Ihnen zusagt.	We that our counter-offer will turn out to be satisfactory for you.
Wir bedauern, dass Ihnen unser Angebot nicht zugesagt hat und möchten Ihnen anbei ein überarbeitetes Angebot unterbreiten.	We are sorry to learn that our offer did not find your approval and would like to submit the enclosed revised quotation.
Darauf können wir uns leider nicht einlassen und bieten stattdessen ...	We cannot accept this, and suggest instead ...
Wir stimmen in den folgenden Punkten nicht mit Ihrem Angebot überein und möchten ...	We disagree in the following aspects/points/items of your offer and would like to ...
Wenn Sie sich in der Lage sehen, uns einen Nachlass zu gewähren ...	If you can see a way to granting us a discount ...

Die Bezeichnung „proposal" kann im Englischen neben „Vorschlag" auch „Heiratsantrag" bedeuten. Daher sollten Formulierungen wie beispielsweise „We propose to you" („Wir möchten Ihnen einen Antrag machen") vermieden und stattdessen besser Wendungen wie „We suggest" („Wir schlagen vor") verwendet werden.

> **Infobox**
>
> **Der englischsprachige Begriff „demand" (der Bedarf) steht grundsätzlich immer ohne Artikel.**

Vokabeln: rund um die Ablehnung eines Angebots

ablehnen	refuse
Ablehnung	refusal
absagen	cancel
Auftragsstornierung	cancellation of an order, order cancellation
bestellen	order
Erstattung (von Kosten, Auslagen)	reimbursement (of costs, expenses)
Frist, Ablaufdatum	time limit, deadline
gegenseitiges Einverständnis	mutual understanding
Geschäfte machen	do business
geschätzt, erwartet	estimated, expected
Großauftrag, größerer Auftrag/größere Bestellung	substantial order
innovativ	innovative
Kundendienst	maintenance, customer service

machbar	possible, feasible
Provision	commission
Prozent	per cent (BE), percent (AE)
Prozentsatz	percentage
Reaktion	response, reaction
stornieren	cancel
Stornierung	cancellation
Stückpreis	price per unit, unit price, price per item
Unstimmigkeit	discrepancy
unverbindlich	non-binding
verschieben	adjourn
Vertreter, Repräsentant	agent
zugeben	admit

2.6 Bestätigung

Auftragsbestätigung

Der Verkäufer teilt bei dieser Form der Bestätigung dem Käufer mit, dass der Auftrag bei ihm eingegangen ist und er die Ausführung des Auftrags in die Wege leitet. Es obliegt auch bei dieser Art von Schreiben dem Verfasser, sich an firmeninternen Standards zu orientieren.

Der Begriff „Bestätigung" kann im Englischen mit „confirmation" und „acknowledg(e)ment" übersetzt werden. Dabei stehen die Schreibweisen „acknowledgment" und

„acknowledgement" sowohl im Amerikanischen als auch Britischen gleichberechtigt nebeneinander.

Your Order for Energy Drinks No. 123 of April 1, 2005

Dear Ms. Miller:

We would like to confirm your order for 1,000 boxes of our energy drink Power^2 with 50 bottles at $1.00 each. Delivery to your premises is to be effected at latest by April 15, 2005.

As you informed us via telephone, you have already arranged for payment via bank transfer with your bank today.

We understand that the goods are urgently required due to the upcoming beach season. We assure you that we will take utmost care to ensure delivery will be made on time.

We are confident that Power^2 will bring power to all your beach festivals.

Best regards,
Josephine Lexer
(Sales Manager)

Ihre Bestellung von Energydrinks Nr. 123 vom 01.04.05

Sehr geehrte Frau Miller,

hiermit bestätigen wir Ihre Bestellung von 1.000 Kisten unseres Engergydrinks Power² à 50 Flaschen für je $ 1,00.

Die Lieferung an Ihre Adresse erfolgt bis spätestens 15. April 2005.

Wie Sie uns telefonisch mitteilten, haben Sie die Zahlung per Überweisung bereits heute bei Ihrer Bank veranlasst.

Wie wir wissen, werden die Waren dringend benötigt, da die Strandsaison bevorsteht. Wir versichern Ihnen, dass wir unser Möglichstes tun werden, um zu gewährleisten, dass die Lieferung pünktlich erfolgt.

Wir gehen fest davon aus, dass Power² Power in Ihre Strandfestivals bringen wird.

Freundliche Grüße
Josephine Lexer
Verkaufsleiterin

Die Begriffe „Insure" oder „insurance" bedeuten sovie wie „versichern" oder „Versicherung", die Bezeichnungen „ensure" oder „assure" bedeuten hingegen „versichern" im Sinne von „zusichern".

Angabe von Zeiträumen und andere Zeitangaben

von ... bis ... (Uhrzeit) z. B. von 9.00 bis 17.00 Uhr	from ... to ... e. g. from 9:00 to 5:00 o'clock
von ... bis ... (Zeitpunkt)	from ... until, from ... through
bis ... (Zeitpunkt) z. B. bis 13.Juli/Montag	by ... e. g. by July 13/Monday
ab ... (Datum) z. B. von heute an	as of ... e. g. as of today
spätestens bis ... (Datum) z. B. bis spätestens 10. April	at latest by ... e. g. at the latest by the 10th of April
innerhalb ... (Zeitraum) z. B. innnerhalb von zwei Wochen	within ... e. g. within two weeks
über ... (Zeitraum) z. B. den März über	through ... e. g. through March

Die Bezeichnung „on time" im Englischen heißt „pünktlich" und sollte nicht mit „in time" verwechselt werden das mit „rechtzeitig" übersetzt wird.

Satzbausteine: zur Auftragsbestätigung

Vielen Dank für Ihren Auftrag über Mobiltelefone.	Thank you very much for your order for mobile phones (BE)/cell(ular) phones (AE).
Die Erledigung Ihres Auftrags wurde bereits veranlasst.	The completion of your order has already been put in hand.
Die Versanddokumente gehen Ihnen in den nächsten Tagen zu.	You will receive the shipping documents within the next few days.
Wir bestätigen hiermit den Erhalt Ihres Auftrags vom ...	We herewith acknowledge/confirm your order of ...
Wir würden uns über mögliche Folgeaufträge Ihrerseits freuen.	We would be glad/pleased to receive further orders from you.
Leider müssen wir Ihnen mitteilen, dass unser Werk derzeit bestreikt wird und der Versand der gewünschten Waren nicht vor ... möglich ist.	We regret having to inform you that our workers are on strike and dispatch/despatch of the goods will not be possible until ...
Wir werden unser Möglichstes tun, um den genannten/festgelegten Liefertermin einzuhalten.	We shall spare no effort to adhere to the stipulated/fixed date of delivery.

Wie uns die Zollbehörde Hamburg mitteilte ...	The customs authority Hamburg informed us that
Nach Rücksprache mit unserem Spediteur können wir Ihnen mitteilen, dass ...	We have contacted our forwarding/shipping agent and are now able to inform you that ...

Versandbestätigung
In diesem Schreiben informiert der Verkäufer den Käufer für gewöhnlich kurz darüber, dass der Versand der Waren erfolgt ist bzw. veranlasst wurde.

Your Order for Books of March 12, 2005

Dear Ms. Müller:

We are pleased to inform you that the books you ordered, i.e. 12,000 copies of "How to write business letters", have been dispatched today.

As agreed, we entrusted our forwarding agent with the transport from our premises to the airport. The books were collected this morning. Further transport from LA Airport to Franz Joseph Strauss Airport Munich will be carried out by Flyfar Air on flight No. FA 123 and the books are scheduled for arrival at 3:00 p.m. local time.

We packed the books in conformity with your instructions; 12 pallets with 1,000 items each, wrapped in water-proof plastic foil, and trust that they will arrive safely in Munich.
As agreed, we arranged for all documents and formalities required pursuant to German customs standards and therefore do not expect any time delays due to customs clearance.
Should you require further assistance regarding payment or other matters, please feel free to contact us at any time.
We are confident that the books will find a ready market in Europe and would be glad if you would avail yourselves of our services in the future.
Yours sincerely,

Reuben Gonzales
(Dispatch Manager)

Ihre Buchbestellung vom 12.03.2005

Sehr geehrte Frau Müller,

wir freuen uns, Ihnen mittzuteilen, dass die von Ihnen bestellten Bücher, 12.000 Exemplare „How to write business letters", heute versandt wurden.

Wie vereinbart, haben wir unseren Spediteur mit dem Transport der Bücher von unserem Gelände zum Flughafen beauftragt. Die Abholung erfolgte heute Morgen. Der weitere Transport vom LAX-Flughafen Los Angeles zum Franz-Joseph-Strauss-Flughafen in München wird durch Flyfar Air, Flugnummer FA 123, ausgeführt. Die Bücher sollen planmäßig um 15.00 Uhr Ortszeit eintreffen.

Wir haben die Bücher gemäß Ihren Anweisungen wie folgt verpackt, d. h. 12 Paletten à 1.000 Stück in wasserdichter Plastikfolie. Wir sind sicher, dass sie unbeschadet in München ankommen werden.

Wie vereinbart haben wir uns um alle Dokumente und Formalitäten, die gemäß deutscher Zollbestimmungen erforderlich sind, gekümmert und erwarten somit keine zeitliche Verzögerung aufgrund der Zollabfertigung.

Sollten wir Ihnen bezüglich der Zahlung oder anderweitiger Punkte noch behilflich sein können, stehen wir Ihnen jederzeit gerne zur Verfügung.

Wir sind sicher, dass die Bücher auf dem europäischen Markt guten Absatz finden werden und würden uns freuen, wenn Sie auch in Zukunft auf uns zurückkommen.

Freundliche Grüße

Reuben Gonzales
Versandleiter

Uhrzeit und Zeitangaben im Englischen
Während im Deutschen die Uhrzeit im 24-Stundenrhytmus angegeben wird, wird sie im Englischen nur im 12-Stundenrhytmus angegeben. D. h., dass in der englischen Uhrzeit nur die Zahlen von 1 bis 12 auftauchen. Damit es nicht zu Verwechslungen kommt, wird der Uhrzeit von 0 bis 12.00 Uhr ein **a.m.** (lateinisch: ante meridiem = vor dem Mittag) und von 12.01 bis 23.59 Uhr ein **p.m.** (lateinisch: post meridiem = nach dem Mittag) angehängt. 12.00 Uhr heißt auch **(12 o'clock) noon** und 24.00 Uhr auch **(12 o'clock) midnight**. In Ausnahmefällen, z. B. im Flugverkehr oder im militärischen Bereich, wird die Uhrzeit auch im Englischen im 24-Stundenrhythmus angegeben.

Infobox

Am üblichsten sind die Schreibweisen **a.m.** und **p.m.** Es sind aber auch **am** bzw. **pm**, **AM** bzw. **PM** oder **A.M.** bzw. **P.M.** gebräuchlich. Entscheiden Sie sich für eine dieser Möglichkeiten und verwenden Sie diese einheitlich.

Deutsch	Englisch
5.00 Uhr (morgens)	5:00 a.m.
11.00 Uhr (vormittags)	11:00 a.m.
16.00 Uhr (nachmittags)	4:00 p.m.
23.00 Uhr (abends)	11:00 p.m.

Zahlenangaben wie „ungefähr", „circa", „etwa", „knapp" und „mehr oder weniger" können im Englischen auf unterschiedliche Weise ausgedrückt werden:

- etwa, einige = some, approximately (z. B. etwa 10 % = some/approximately 10 %; einige Tage = some days)
- ein paar = some, a few
- ungefähr = approximately, approx., about, roughly (z. B. ungefähr 10 Stück = approximately 10 pieces/about 10 units; in ungefähr 10 Tagen = in about 10 days; die Verkaufssteigerung betrug ungefähr 115 % = sales growth was roughly 115 %)
- knapp über = just over (z. B. knapp über 1 Mio. = just over 1m)
- eine knappe (Million) = just under (a million)
- knapp/kaum = nearly (z. B. kaum 1.000 Besucher = nearly 1,000 visitors)
- fast = almost (z. B. fast 5 % = almost 5 %)
- ungefähr (jeder Vierte) = something like (one in four)
- ungefähr (ein Viertel) = around (one quarter)

Satzbausteine: über den Versand informieren

Ihr Auftrag wurde bereits erledigt.	Your order has already been dealt with.
Gerne teilen wir Ihnen mit, dass der Versand Ihrer Waren bereits erfolgt ist.	We are pleased to inform you that your goods have been dispatched.
Gerne teilen wir Ihnen mit, dass der Versand Ihrer Waren bereits veranlasst wurde.	We have pleasure in informing you that dispatch of your goods has already been put in hand.
Die Waren werden in den nächsten Tagen versandt.	The goods will be dispatched in the next few days.
Der Versand erfolgt per Express.	The goods will be dispatched by express.
Gemäß den Zollbestimmungen sind wir verpflichtet ...	The customs regulations stipulate that we ...
Wir hoffen, dass die Waren unversehrt bei Ihnen ankommen.	We hope that the goods will arrive at your premises safely.
Wir sind uns sicher, dass die Zollabfertigung keine wesentliche (zeitliche) Verzögerung verursachen wird.	We trust that the customs clearance will not cause any significant delay.

Satzbausteine: Schluss

Wir hoffen, dass Sie auch in Zukunft auf unsere Produkte zurückgreifen.	We hope that you will avail yourselves of our products in the future.
Wir würden uns freuen, wenn Sie auch in Zukunft auf unser Unternehmen zurückkommen.	We would be delighted if you would refer to our company also in the future.
Wir hoffen, dass Sie uns auch in Zukunft Gelegenheit geben, ...	We hope that we may have the opportunity of ...
Vielen Dank, dass Sie sich dazu entschlossen haben, uns Ihren Auftrag zu erteilen.	Thank you for choosing to place your order with us.

Der deutsche Begriff „Zoll" ist stets mit „customs" (im Plural) zu übersetzen. „Custom" im Singular bedeutet soviel wie „Brauch" oder „Sitte".

Satzbausteine: zum Versand von Dokumenten

Bitte lassen Sie uns Ihre schriftliche Bestätigung zukommen, wenn Sie das beiliegende Angebot annehmen.	Please let us have your confirmation in writing if you accept/agree to the enclosed offer.

Wir übersenden Ihnen hiermit anbei unseren ersten Vertragsentwurf.	Please find enclosed our first draft of the contract.
Die Unterlagen gehen Ihnen innerhalb der nächsten Tage per Kurier zu.	The documents will be delivered by messenger within the next few days.
Anbei erhalten Sie ein Exemplar zur Ansicht.	Please find enclosed a copy for your reference.
Sobald wir die Unterlagen durchgesehen haben, übersenden wir Ihnen ein unterschriebenes Exemplar.	As soon as we have looked through the documents you shall receive a signed copy thereof.
Anbei erhalten Sie unser Manuskript. Bitte lassen Sie uns wissen wenn Sie noch Änderungswünsche oder -vorschläge haben sollten.	We are enclosing our script. Please inform us accordingly if you wish us to include any amendments.

Empfangsbestätigung

Diese Art der Bestätigung umfasst sowohl die Bestätigung des Erhalts eines Schreibens (z. B. Geschäftsbrief oder E-Mail) als auch einer Warensendung. Es mag rechtlich notwendig sein, den Erhalt einer Bestellung schriftlich zu „quittieren" oder auch nur auch nur den Eingang eines Schreibens zu dokumentieren.

BY FACSIMILE
From: Pullover Company Inc.
To: Smartlaw Corp.
attn. John Goldberg, Esq.

13 August 2005

Your Ref.: 9348 833/goldhd

Draft License Agreement "Pullover"

Dear Mr. Goldberg:

Thank you for your letter of yesterday and the draft agreement you sent us enclosed therewith.
We shall now study the content and the proposed formulation. We will inform you about any possible suggestions and changes regarding the wording as soon as we discussed the matter with the responsible attorneys in our legal department.

In the meantime, we remain
yours very truly,

Melinda Cashew
Legal Department

PER FAX
Absender: Pullover Company Inc.
Empfänger: Smartlaw Corp.
z. Hd. John Goldberg

13. August 2005

Ihr Zeichen: 9348 833/goldhd

Lizenzvertragsentwurf „Pullover"

Sehr geehrter Herr Goldberg,

vielen Dank für Ihr gestriges Schreiben und den Vertragsentwurf, den Sie uns als Anlage haben zukommen lassen. Wir werden den Inhalt und die vorgeschlagene Formulierung überprüfen. Sobald wir die Angelegenheit mit den zuständigen Anwälten unserer Rechtsabteilung beraten haben, werden wir Sie über mögliche Vorschläge und Änderungen bezüglich des Wortlauts in Kenntnis setzen.

In der Zwischenzeit verbleiben wir
mit freundlichen Grüßen

Melinda Cashew
Rechtsabteilung

Satzbausteine: zum Erhalt von Dokumenten

Wir bestätigen hiermit ...	This is to confirm .../ We herewith confirm ...
Eine Bestätigungskopie der Versandunterlagen ist gestern bei uns eingegangen.	We received a confirmation copy of the dispatch documents yesterday.
Die Dokumente sind sicher angekommen.	The documents arrived safely.
Die Papiere sind heute bei uns eingegangen.	We have received the papers today.
Wir haben die Unterlagen fristgemäß erhalten.	The documents were received in due time/within the given time limit.
Wir geben Ihnen Bescheid, sobald uns die Dokumente vorliegen.	We will inform you immediately as soon as the documents are available to us.
Uns liegen die Entwürfe jetzt vor.	The drafts are now available to us./We now dispose of the documents.
Wir haben heute ein Exemplar der Unterlagen erhalten.	We have received a copy of the documents today.
Wir haben die Vertragsentwürfe in 2-facher Ausfertigung erhalten.	We received the draft contracts in 2-fold.

Satzbausteine: zum Erhalt von Waren

Wir haben die Lieferung gemäß unserem Auftrag entgegengenommen.	We have taken delivery according to our order.
Wir haben die Waren heute erhalten.	We have received the goods today.
Die Waren sind geprüft worden.	The goods have been checked/examined.
Wir haben ... erhalten.	We have received ...
Die Waren sind wohlbehalten bei uns angekommen.	The goods have arrived in good condition.
Vielen Dank für die rasche Übersendung.	Many thanks for the prompt delivery.

Der deutsche Begriff „Exemplar" ist bei Dokumenten und Ähnlichem mit „copy" zu übersetzen, da „copy" im Englischen neben „Kopie" auch „Ausfertigung" oder „Exemplar" bedeutet.

Vokabeln: rund um die Bestätigung

Auftragsannahme	acceptance of order
Auftragsbestätigung	confirmation of order
Auftragslage	order situation
Empfangsbestätigung	confirmation/acknowledg(e)ment of receipt

Erhalt, Empfang	receipt
Erledigung eines Auftrags/einer Bestellung	completion/handling/ execution of an order
ersetzen, an die Stelle treten	supersede, replace, substitute
Großauftrag, größerer Auftrag/größere Bestellung	substantial order
größere Mengen	larger quantity, bulk
in die Wege leiten	put in hand
kaufmännisch	commercial, business
Muster	sample
per Express	via express, by express
Probe(n)	specimen
Qualität	quality
Sendung (Waren)	shipment, consignment
Sendung (z. B. Brief)	mailing
unverzüglich versenden	dispatch/despatch without delay, immediately
veranlassen (den Versand)	arrange for, effect (despatch/dispatch)
Versandbestätigung, Versandmitteilung	confirmation of dispatch/despatch, shipment notice, acknowledg(e)ment of shipment, consignment note
Versanddokumente	shipping documents
wohlbehalten	in good condition, safely

Die Bezeichnung „advice" bedeutet im englischsprachigen Raum soviel wie „Mitteilung" aber auch „Ratschlag". Der Begriff „advise" findet als Verb Verwendung und kann sowohl „(an)raten" als auch „mitteilen" oder „informieren" bedeuten.

2.7 Lieferung

Lieferbedingungen
Als zentraler Vertragsbestandteil haben die Lieferbedingungen (z. B. Incoterms) eine große Bedeutung bei der Festlegung der Übernahme von Transport- und Versicherungskosten durch den Exporteur oder den Importeur. Die Verwendung der richtigen Incoterms ist daher unmittelbar preisrelevant. In Exportverträgen empfiehlt sich, auf die internationalen standardisierten Incoterms zurückzugreifen. Die jetzt gültige Fassung der Incoterms ist von 1990.

> Dear Ms. McClister:
>
> We refer to your order no. 12. Delivery will be made within two months on receipt of your order. As arranged, the consignment will be transported by rail and sea fright FOB from Cologne to your warehouse in Richmond, Virginia.

Our prices are CIF for sea/land transport to Virginia. If you require more rapid delivery, we can arrange for the goods to be sent by air freight, but this will be charged at an extra cost.

We thank you for your order, and will be pleased to answer any further queries you might have regarding the shipment.

Yours truly,
Bianca Schulze

Sehr geehrte Frau McClister,

bezugnehmend auf Ihre Bestellung Nr. 12, möchten wir Ihnen mitteilen, dass die Lieferung innerhalb von zwei Monaten nach Erhalt Ihrer Bestellung erfolgen wird. Wie vereinbart wird die Ladung FOB von Köln zu Ihrem Lager in Richmond, Virginia, befördert.

Unsere Preise enthalten CIF den Transport über Land/See nach Virginia. Falls Sie eine schnellere Lieferung benötigen, können wir Ihnen die Güter auch per Luftfracht zukommen lassen, allerdings werden dann entsprechende Extrakosten veranschlagt.

Wir danken Ihnen für Ihren Auftrag und stehen Ihnen gerne für jede Art von Fragen, die den Transport betreffen, zur Verfügung.

Mit freundlichen Grüßen

Bianca Schulze

Incoterms

CFR = Cost and Freight	Kosten und Fracht
CIF = Cost, Insurance and Freight (named port of destination)	Kosten, Versicherung und Fracht (benannter Hafen)
CIP = Carriage and Insurance Paid to (named place of destination)	frachtfrei versichert (benannter Zielort)
CPT = Carriage Paid To (named place of destination)	frachtfrei (benannter Zielort)
DAF = Delivered At Frontier (named place)	geliefert Grenze (benannter Ort)
DDP = Delivered Duty Paid (named place of destination)	geliefert verzollt (benannter Zielort)
DDU = Deliverd Duty	geliefert unverzollt

Unpaid (named place of destination)	unfrei (benannter Zielort)
DEQ = Delivered Ex Quay (duty paid)	geliefert ab Kai (verzollt)
DES = Delivered Ex Ship (named port of destination)	geliefert ab Schiff (benannter Zielhafen)
EXW = EX Works (named place)	ab Werk (benannter Ort)
FAS = Free Alongside Ship	frei Längsseite Schiff
FCA = Free Carrier (named place)	frei Frachtführer (benannter Ort)
FOB = Free On Board (named port of shipment)	frei an Bord (benannter Versandhafen)

Satzbausteine: Lieferbedingungen

Die Lieferung erfolgt durch die Müller Trans GmbH.	Delivery will be carried out by Müller Trans GmbH.
Die Waren sind jetzt für Lieferung DES Dover an Bord der MS Bayern verladen worden.	The goods have now been loaded on board MS Bavaria for delivery DES Dover.
Die Waren werden als Seefracht verschifft.	The goods will be shipped as seafreight.
Die Container wurden heute in Hamburg verladen.	The containers have been loaded in Hamburg today.

Wir haben unseren Spediteur mit dem Transport beauftragt.	We entrusted our forwarding agent with the transport.
Gemäß Ihren Anweisungen, sind die Teekisten heute markiert und verpackt worden.	As instructed, the tea(-)chests have been marked and packed today.

Lieferverzögerung

Ein Lieferverzug liegt dann vor, wenn der Lieferant einen Liefertermin nicht einhält. Dies ist für den Kunden ein Grund, eine Mahnung zu verfassen. In der Mahnung setzt der Kunde eine Nachfrist, bis zu der die Lieferung spätestens zu erfolgen hat.

Delay in Delivery of our Order No. 345-PK for 3,000 High-Tech Computer Chips

Dear Ms. Hammersmith:

We have not yet received the goods indicated above which have meanwhile been overdue for more than one week. Unfortunately you have not given any explanation concerning the reason of delay.

Since we are contractually obliged to forward the goods to our customers within undue delay, this causes us serious trouble. Our customers are threatening to cancel their orders and even their business relations with us if the chips have not reached them by the end of this week at the latest.

In case it turns out to be impossible for us to meet this deadline, we will be forced to cancel our order.

Please let us know immediately when the goods will be shipped.
We are expecting to receive your explanation on this matter in the very near future.

Yours sincerely,
Helen Stern

Lieferverzögerung unserer Bestellung von 3000 hightech Computer Chips, Nr. 345-PK

Sehr geehrte Frau Hammersmith,

wir haben die oben genannten Waren, die inzwischen mehr als eine Woche überfällig sind, noch immer nicht erhalten. Leider haben Sie sich in dieser Angelegenheit hinsichtlich des Grundes für die Verzögerung noch nicht geäußert.

Da wir vertraglich verpflichtet sind, die Artikel unverzüglich an unsere Kunden weiterzuleiten, wird die Situation zunehmend problematisch für uns. Unsere Kunden drohen, ihre Bestellungen bei uns zu stornieren und sogar ihre Geschäftsbeziehungen mit uns abzubrechen, wenn die Chips nicht bis spätestens Ende nächster Woche bei ihnen eingetroffen sind.

Sollte es sich für uns als unmöglich herausstellen, diese Frist einzuhalten, sind wir gezwungen, unsere Bestellung zu stornieren.
Bitte teilen Sie uns unverzüglich mit, wann die Waren versendet werden. Wir erwarten Ihre umgehende Erklärung in dieser Angelegenheit.

Hochachtungsvoll
Helen Stern

Satzbausteine: zur Lieferverzögerung

Wir warten noch immer auf die Lieferung der ...	We are still waiting for the delivery of ...
Wir hätten diese Lieferung bereits am 17.05. erhalten sollen.	Delivery was already due on May 17./We were supposed to receive this order already on May 17.

Wir benötigen diese Waren dringend und deshalb ist dieser Lieferverzug äußerst ärgerlich.	We are in urgent need of the goods and therefore, this delay in delivery is very annoying.
Dies könnte zu Problemen für uns führen.	This might cause problems for us.
Wir sind sehr enttäuscht ...	We are very disappointed that ...
Unter der Bedingung, dass	On the condition that ...
vorausgesetzt, dass ...	provided that ...
Sie bringen uns damit in eine schwierige Lage.	You are putting us in a difficult position.
Wir finden Ihr Geschäftsverhalten inakzeptabel.	We find your business conduct unacceptable.
Wir möchten ... vermeiden.	We would like to avoid ...
Die Artikel sind noch nicht bei uns eingetroffen.	The items have not yet arrived/have not arrived, yet.
Wir warten immer noch auf die Sendung.	We are still waiting for the consignment.
Leider wird sich die Lieferung voraussichtlich um ca. 2 Wochen verzögern.	Unfortunately, delivery will be delayed by approximately 2 weeks.
Aufgrund der Verzögerung sind unsere Kunden sehr verärgert.	This delay irritates our customers./Our customers are put off by this delay.

Vokabeln: rund um die Lieferung/Lieferverzögerung

ab Lager	from stock
ab Werk	ex works
andocken (Schiff)	dock
Ankunft (der Waren)	arrival (of the goods, consignment)
auf Lager	in stock, available
aufgehalten werden	be held up
aushändigen, übergeben	surrender, release, deliver
dreifache Ausfertigung (Dokumente)	in 3-fold, in triplicate
Eillieferung	express delivery
Empfangsanzeige	arrival notice
entsprechen, befolgen	conform, adhere to
im Auftrag von	by order of
in Empfang nehmen	take delivery (of)
kurzfristig	at short notice
Lagerbestand	inventory, stock
Lieferbedingungen	terms of delivery, delivery terms
Lieferdatum	date of delivery
Lieferfrist	deadline for delivery
Liefergebühr	delivery charge
liefern, ausliefern	deliver
Lieferschein	delivery note
Liefertermin	delivery date
Lieferung	delivery

Lieferung durchführen	effect delivery, carry out delivery
Lieferverzug	delay in delivery, delivery delay, default of delivery
Liefervorschriften	delivery instructions
Lieferzeit	delivery time
Luftfracht	airfreight
nach Eingang der Zahlung	following/after receipt of payment
pünktlich	on time, sharp(ly)
rechtzeitig	in time
Schiff	vessel, ship
Spediteur	forwarding agent, shipping agent
Teillieferung	part delivery, partial delivery, delivery in part
unverzüglich	without delay, immediately
Versand veranlassen	arrange shipment
versandfertig	ready for dispatch/ delivery
Versandsdatum	date of shipment
verschicken, weiterleiten	forward
Verschiffungsanzeige	shipping advice
versichern	insure
Versicherung	insurance
verzögern	delay

verzollen	declare, clear customs
Verzug	delay
vierfach Ausfertigung (Dokumente)	in 4-fold, in quadruplicate
wie vereinbart	as agreed
Zoll	customs
Zollabfertigung	customs clearance
Zollbestimmungen	customs regulations
zur Abholung	for collection
zur richtigen Zeit	at the right time
Zustellungsort	place of delivery, address of service
zweifach Ausfertigung (Dokumente)	in 2-fold, in duplicate

Vokabeln: rund um den Transport

an Bord der MS Holiday	on board MS Holiday
per Luftfracht	by airfreight
auf dem Luftweg	by plane
mit der Bahn	by train
per Kurier	by messenger
per Lastwagen	by truck (AE)/lorry (BE)
per Nachtexpress	by overnight express
Seefracht	seafreight
Transportart	method of transport, mode of transport

Vokabeln: rund um die Verpackung

Ballen	bale
Bündel	bushel
Container	container
durchschnittlich	average/on average
Etiketten	labels
Fass	barrel
fester Karton	sturdy carton
Folie	foil
Holzkiste	wooden box, wooden case
Karton (Material), Pappe	cardboard
Lattenkiste	crate
mehrlagig, einlagig, zweilagig	multi-layered, single-layered, two-layered
Packliste	packing list
Palette	pallet
Pappkarton	cardboard box, box
Plastikfolie	plastic foil
Sack	bag, sack
Teekiste	chest
Tonne (Gewichtseinheit und Behälter)	ton
übergeben	hand over, surrender
vereinbaren	agree
Vereinbarung	agreement
Verpackung	packaging

2.8 Mahnung

Neben einer Lieferverzögerung kann auch eine ausstehende Zahlung angemahnt werden. Bevor man eine Mahnung ausstellt, erinnert man den Kunden zunächst durch eine Zahlungserinnerung an die Zahlung des Betrages. Wenn der Kunde nicht reagiert, folgen die Mahnungen. Wie viele Mahnungen man schreibt, bevor man einen Anwalt einschaltet, ist von der jeweiligen Firmenpolitik abhängig.

Our Invoice No. 345RZ05 of January 23, 2005

Dear Mr. Houston:

When checking our bank statements, we noted that the above-mentioned invoice has not been settled yet. The amount was due more than 6 weeks ago but we have not received any payment so far.

We assume that you have only missed to notice our invoice, but we urgently remind you to arrange the transfer of the outstanding amount to our bank account.

In case of failure to payment at the latest by March 10, 2005, we will be obliged to charge an additional 5 % interest for non-payment.

Please disregard this letter if you have already arranged for payment.

Do not hesitate to contact us if you have any questions.

Yours sincerely,
Paula Henningston

<u>Unsere Rechnung Nr. 345RZ05 vom 23. Januar 2005</u>

Sehr geehrter Herr Houston,

bei Durchsicht unserer Kontoauszüge haben wir festgestellt, dass die oben genannte Rechnung noch nicht beglichen worden ist. Der Betrag war vor mehr als sechs Wochen fällig, aber es ist noch keine Zahlung bei uns eingegangen.

Wir nehmen an, dass die Rechnung lediglich übersehen wurde, bitten Sie aber eindringlich, die Überweisung des ausstehenden Betrages auf unser Konto zu veranlassen.

Wenn die Zahlung nicht bis spätestens 10. März 2005 erfolgt, sehen wir uns gezwungen 5 % Verzugszinsen zu berechnen.

> Sollten Sie die Zahlung bereits veranlasst haben, betrachten Sie dieses Schreiben als gegenstandslos.
>
> Für Rückfragen stehen wir jederzeit gerne zur Verfügung.
>
> Mit freundlichen Grüßen
> Paula Henningston

Satzbausteine: Einleitung

Leider mussten wir feststellen, dass ...	Unfortunately, we noticed that ...
Mit großem Bedauern haben wir festgestellt, dass Sie Ihren Zahlungsverpflichtungen nicht nachkommen.	It is with deep regret that we have noted that you do not fulfill your payment duties.
Dürfen wir Sie daran erinnern, ...	May we remind you that ...

Satzbausteine: Mittelteil

Wir haben wiederholt um Begleichung des noch offen stehenden Betrages in Höhe von ... gebeten	We have repeatedly requested for payment of the oustanding amount of ...

Unsere bisher harmonische Geschäftsbeziehung ist durch diesen Vorfall schwer erschüttert worden.	Our hitherto harmonio(u)s business relationship has been seriously damaged by this incident.
Wir finden es ärgerlich, dass Sie keine Anstrengungen unternehmen, um eine für beide Seiten befriedigende Lösung zu finden.	We think it annoying that you are not making any efforts/endeavo(u)rs to find a mutual solution to this problem.
Wir bitten Sie, uns unverzüglich mitzuteilen, wann Sie den ausstehenden Betrag ausgleichen können.	We demand immediate information as to when you will be able to pay the outstanding amount.
Wir wären damit einverstanden, wenn ...	We would be prepared to agree, if ...

Satzbausteine: Schluss

Wir sind überzeugt, dass Sie die Rechnung in Kürze begleichen werden.	We trust you will settle the invoice in due course.
Die Bestellung werden wir erst nach Ausgleich Ihres Kontos ausliefern.	Please note that your order will not be sent until your account has been settled.

Wir erbitten Antwort bis ...	We request reply by ...
Ein weiteres Entgegenkommen ist uns leider nicht möglich.	Unfortunately, we are not able to make any further concessions.

False Friends			
Deutsch	Englisch	Englisch	Deutsch
Unternehmer	entrepreneur	undertaker	Bestatter

Vokabeln: rund um die Mahnung

Angelegenheit regeln	settle a matter
Anstrengungen unternehmen	undertake great pains, make efforts/endeavo(u)rs
ausstehende Zahlung	outstanding payment
berechnen	bill
einziehen (einen in Rechnung gestellten Betrag)	collect (a billed amount)
fällig	due
fällige Zahlung	due payment
für beide Seiten, gegenseitig	mutual
Kontoausgleich	balance an account
(Kunden)Konto	(customer) account
Mahnung	reminder
Nichtzahlung	non-payment, failure to payment

offener/ausstehender Betrag	outstanding amount
pünktlich liefern	deliver on time
Rechnung	account
Rechnung begleichen	settle an invoice
rechtliche Schritte ergreifen	take legal action, take legal steps
Teilzahlung	part payment (BE), partial payment (AE), payment in instal(l)ments
überfällig	overdue
Überweisung	(bank) transfer (of money)
Unannehmlichkeiten	inconvenience
verärgert	irritated
Verzugszinsen	interest (charge) for non-payment
Zahlung eingehen/erhalten	receive payment
Zahlung leisten	effect payment

False Friends			
Deutsch	Englisch	Englisch	Deutsch
irritiert	distracted, puzzled, put off	irritated	verärgert
übersehen	overlook	oversee	überwachen, beaufsichtigen
		overview	Überblick

2.9 Reklamation/Beschwerde

Sollte der Käufer nach Eingang und Prüfung der Ware nicht mit der Lieferung zufrieden sein, steht ihm selbstverständlich die Möglichkeit einer Reklamation/Beschwerde offen.

Dear Ms Heath

Your Delivery of Computer Chips Order No. UZ-354

I am referring to the shipment mentioned above. We received the chips this morning, they do not, however, work as promised. In the first production run, 25 % of our machines broke down due to the defective chips you supplied. Thus, we had to replace the chips with substitutes we still had on stock. This time-consuming replacement of the chips has led to considerable expenditure as well as a delay in delivery on our part.

Our agreement stipulates that defective chips shall be replaced immediately (which means within two working days).

We cannot accept this situation and therefore expect you to replace the complete set of chips at the latest by the day after tomorrow before noon.

If the goods do not arrive on time we will initiate negotiations with other chip manufacturers.

Yours faithfully
Karla Bauer
(Purchase Department)

Ihre Lieferung von Computerchips Best.-Nr. UZ-354

Sehr geehrte Frau Heath,

ich beziehe mich auf die o. g. Lieferung. Wir haben die Ware heute erhalten, allerdings funktioniert sie nicht so, wie versprochen. Im ersten Produktionsdurchlauf fielen 25 % unserer Maschinen aufgrund der fehlerhaften Chips, die Sie geliefert haben, aus. Deshalb mussten wir sie durch noch vorrätige Ersatzteile ersetzen. Dieser zeitaufwändige Austausch der Chips führte zu beträchtlichen Ausgaben sowie einem Lieferverzug unsererseits.

Unser Vertrag sieht vor, dass fehlerhafte Chips umgehend (d. h. innerhalb von zwei Werktagen) zu ersetzen sind.

Wir können diese Situation nicht akzeptieren und erwarten deshalb, dass Sie den Satz Chips bis Übermorgen im Laufe des Vormittags vollständig ersetzen.

Sollte die Ware nicht pünktlich eintreffen, werden wir Geschäftsverhandlungen mit anderen Chipherstellern aufnehmen.

Mit freundlichen Grüßen
Karla Bauer
Einkauf

Antwort auf eine Reklamation/Beschwerde
Bei der Antwort auf eine Reklamation muss dargelegt werden, ob die Reklamation als berechtigt, teilweise berechtigt oder nicht berechtigt angesehen wird.

Dear Ms Bauer

Your Complaint of 23 August 2005 re Order No. UZ-354 for Computer Chips

We have just received your complaint regarding our delivery as mentioned above and are deeply sorry to hear that some of the chips supplied by us are defective.

We have immediately contacted our production department and are waiting for their report.

In the meantime, we are already sending you a full replacement set at no extra charge which will arrive at your premises tomorrow.

Please accept our apologies for the inconvenience caused to you in this matter.

We will compensate you for the financial loss incurred to you due to our defective chips.

We hope that this solution will find your approval.

Kind regards

Emma Thurup
(Customer Relations Manager)

Ihre Reklamation vom 23. August 2005 bzgl. der Bestellung von Computer Chips, Bestell.-Nr.UZ-354

Sehr geehrte Frau Bauer,

wir haben soeben Ihre Reklamation bezüglich der angegebenen Lieferung erhalten. Wir bedauern außerordentlich, dass einige der von uns gelieferten Computer Chips mangelhaft sind.

Wir haben sofort unsere Herstellungsabteilung kontaktiert und warten auf deren Bericht.

In der Zwischenzeit schicken wir Ihnen umgehend und kostenfrei eine vollständige Ersatzlieferung, die bereits morgen bei Ihnen eintreffen wird.

Bitte entschuldigen Sie die Unannehmlichkeiten, die Ihnen in dieser Angelegenheit entstanden sind.

Wir werden für den durch unsere fehlerhaften Chips entstanden finanziellen Schaden aufkommen.

Wir hoffen, dass diese Lösung Ihre Zustimmung findet.

Freundliche Grüße

Emma Thurup
Leiterin Kundenbetreuung

Satzbausteine: zur Reklamation/Beschwerde

Die Ware, die wir am 6. Dezember bestellt haben, ist noch nicht eingetroffen.	The goods we ordered on 6th December have not yet arrived.
Eine weitere Verzögerung der Lieferung werden wir nicht dulden.	We will not tolerate any further delay in delivery.
Diese Lieferung war schlecht verpackt.	This delivery was badly packaged.
Die Lieferung ist beschädigt in unserem Werk angekommen.	The delivery was damaged on arrival in our plant.
Leider ist die Lieferung unvollständig angekommen.	Unfortunately, the delivery arrived incomplete.

Satzbausteine: zur Antwort auf eine Reklamation

Wir waren besorgt, als wir aus Ihrem Brief vom ... erfuhren, dass ...	We were concerned to learn from your letter of ... that ...
Wir bitten Sie sehr, die Verzögerung und die Schwierigkeiten, die Ihnen dadurch entstanden sind, zu entschuldigen.	Please accept our sincere apologies for this delay and the trouble it has caused you.

Wir lassen Ihnen umgehend Ersatzware zugehen.	We have arranged for a replacement to be dispatched immediately.
Die Lieferung wird sich leider noch um zwei weitere Wochen verzögern.	The delivery will unfortunately be delayed by another two weeks.
Die Verzögerungen sind durch Komplikationen beim Zoll bedingt, von denen alle Lieferungen in den USA betroffen sind.	The delay is due to customs complications which are holding up all shipments to the United States.
Wir tun alles, was in unserer Macht steht, um zu gewährleisten, dass die Lieferung so bald wie möglich ankommt.	We shall use our best endeavo(u)rs to make sure this consignment arrives as soon as possible.
Wir haben mittlerweile Schritte unternommen, um sicherzustellen, dass ein derartiges Missverständnis in Zukunft nicht mehr vorkommt.	We have now taken steps to ensure that such a misunderstanding does not occur in future.

Vokabeln: rund um die Reklamation/Beschwerde

beschädigt	damaged
Beschwerde, Reklamation	complaint

Beweis, Beweismittel, Nachweis	evidence, proof
entdecken	discover
enttäuscht	disappointed
Erklärung	explanation
Frist	time period, deadline, term
gerichtlicher Streit	legal dispute, lawsuit
haftbar	liable
höhere Gewalt	circumstances beyond one's control, *force majeure*
Klage	suit, legal action
mangelhafte Waren	defective goods, faulty goods
minderwertig	of inferior quality, of poor quality
rechtliche Schritte gegen jemanden einleiten	take legal action, initiate legal proceedings, take legal steps
Schuld	fault
schwer beschädigt	seriously damaged, very much damaged
Umstände, Unanehmlichkeiten	inconvenience
unbrauchbar	unusable, not usable, cannot be used anymore

untersuchen, prüfen	examine
verderbliche Ware	perishable good(s)
verlässlich	reliable
verspätet, verzögert	delayed
vorbeugen, verhindern	prevent

False Friend			
Deutsch	Englisch	Englisch	Deutsch
Schäden	damage	damages	Schadensersatz
Interessen	interest	interests	Zinsen
Kommission	committee board	commission	Provision
Provision	commission	provision	Bestimmung

2.10 Rechnung

Bei einer Rechnung steht die übersichtliche Darstellung der erbrachten Leistung(en) und der dadurch entstandenen Kosten sowie der gesetzlich vorgeschriebenen Angaben im Mittelpunkt.

> <u>Invoice for Our Services Invoice No. 234 8</u>
>
> Thank you for entrusting us with the catering of your seminar held at the Grand Nero Hotel in Vancouver. For the services rendered we would like to charge the following:

500 hors d'oeuvres	$500.00
50 fruit trays	$150.00
25 selections of local cheese	$150.00
Total amount payable (including VAT):	$800.00

Please arrange for payment of the above-mentioned amount at latest until 25 July 2004. For payment within 14 days from receipt of this invoice, we will grant an early-payment discount of 2 %. Please indicate the invoice no. with every payment.

We would be glad to work with you in the future again.

BigBuck Ltd.
Real Bank Inc. account no. 0393 38383
21 Richmond Palace
Vancouver, B.C. Canada S8C3X3

Rechnung für unsere Leistungen Rechnungs-Nr. 234 8

Vielen Dank, dass Sie uns mit dem Catering Ihres Seminars im Grand Nero Hotel in Vancouver beauftragt haben. Für die von uns erbrachten Leistungen erlauben wir zu berechnen:

500 hors d'oeuvres	$ 500,00
50 Obstplatten	$ 150,00
25 Auswahl örtlicher Käsesorten	$ 150,00
Rechnungssumme (einschließlich MwSt.):	$ 800,00

Bitte veranlassen Sie die Zahlung der angegebenen Summe bis spätestens 25.07.04. Bei Zahlung innerhalb von 14 Tagen nach Erhalt dieser Rechnung gewähren wir 2 % Skonto. Bitte geben Sie bei jeder Zahlung die Rechnungsnummer an.

Wir würden uns freuen, in Zukunft wieder mit Ihnen zusammen zu arbeiten.

BigBuck Ltd.
Real Bank Inc. Konto Nr. 0393 38383
21 Richmond Palace
Vancouver, B.C. Canada S8C3X3

Zahlungsarten

per Scheck	by check (AE)/cheque (BE)
per Überweisung	by bank transfer
per Wechsel	by Bill of Exchange (B/E)
bar	in cash

Barzahlung netto	net cash
Barzahlung brutto	gross cash
mittels Dokumenten-akkreditiv	by documentary letter of credit
Akkreditiv	letter of credit (L/C)
per Nachname	cash on delivery (COD)

Dokumente im Zahlungsverkehr

Scheck	check (AE)/cheque(BE)
Wechsel	Bill of Exchange (B/E)
Dokumentenakkreditiv	documentary letter of credit
Akkreditiv	Letter of Credit (L/C)
Verrechnungsscheck	crossed check/cheque
Inhaberscheck	bearer check
Blankoscheck	blank check/cheque

Zahlungsbedingungen

1 Monat Ziel	one month's credit
bar	in cash
Dokumente gegen Akzept	documents against acceptance (D/A)
Kasse gegen Dokumente	documents against payment (D/P), (cash on delivery)

Ratenzahlung	payment in instal(l)ments
rein netto	strictly net, net cash
Vorauszahlung	payment in advance
Zahlung bei Erhalt der Waren	payment on receipt of goods
Zahlung erfolgt mittels (un)widerruflichem (Dokumenten)akkreditiv	payment by (ir)revocable Letter of Credit
Zahlung mittels Wechsel	payment by Bill of Exchange (B/E)
Zahlung per Scheck, Tratte	payment by cheque/ check, draft
Zahlung bei Erhalt der Rechnung	payment on receipt of invoice

Dokumente im Handelswesen

Frachtbrief	consignment note (road or railway transport)
Handelsrechnung	commercial invoice
Konnossement	Bill of Lading (B/L)
Luftfrachtbrief	air waybill
Proforma-Rechnung	pro-forma invoice
Ursprungszeugnis	certificate of origin
Versicherungspolice	insurance police
Wechsel (Tratte)	Bill of Exchange (B/E) (draft)

Satzbaussteine: zur Zahlung

Wir bitten Sie umgehend zu zahlen.	We kindly ask you to make a prompt payment.
Leider wurde der Scheck auf das falsche Unternehmen ausgestellt.	Unfortunately, the check/cheque was made out to the wrong company.
Wir gewähren Ihnen 2 Monate Zahlungsziel.	We grant you 2 months' credit.
Die Rechnung ist innerhalb von 30 Tagen nach Erhalt der Ware zu zahlen.	Please pay the bill within 30 days after receipt of the goods.
Die Ware ist bei Lieferung gegen Nachnahme zu zahlen.	Payment of the goods is to be effected in cash on delivery.
Bitte zahlen Sie bar bei Auftragserteilung.	Payment shall be made in cash with order.
Die Gebühren betragen 3 % des Gesamtbetrages.	The charges amount to 3 % of the total.
Unser Kundendienst ist kostenlos.	Our after-sales service is free of charge.
Können wir mit Scheck bezahlen?	Can payment be made by cheque/check?
Unsere Zahlungsbedingungen lauten: Zahlung innerhalb 30 Tagen netto.	Our terms of payment are 30 days net.

Satzbausteine: zur Rechnung

Wir danken für Ihren Auftrag und erlauben uns unsere Leistungen wie folgt zu berechnen.	We thank you for your offer and would like to charge the following for our services.
Für die von uns erbrachten Leistungen berechnen wir ...	For the services rendered by us we would like to charge ...
Die gelieferten Waren stellen wir wie folgt in Rechnung.	We would like to bill the delivered goods as follows.
Die Gesamtrechnungssumme beläuft sich auf ...	The total invoice amount is ...
Unsere Rechnung wird Ihnen mit getrennter Post zugehen.	Our invoice will be sent to you by separate mail.
Daraus ergibt sich ein zahlbarer Betrag von ...	Thus, a due amount/ payable amount of ... results.
Bei Zahlung innerhalb von 2 Wochen gewähren wir einen Preisnachlass von 2 %.	We will grant a discount of 2 % for payment within 2 weeks.
Wir bitten Sie die Zahlung schnellstmöglich zu veranlassen.	Please arrange for payment at the earliest possible date.

Vokabeln: rund um die Rechnung

Anzahlung	down-payment
Aufpreis	additional charge
ausstehend	outstanding
ausstellen (Scheck)	draw/write out (a check/cheque)
Begünstigter	payee
Blankoscheck	blank cheque/check
Dauerauftrag	standing order
einlösen (Scheck)	cash/credit (a cheque/check)
Einzugsermächtigung	debit authorization
fällig	due
Gebühr	charge, fee(s)
gebührenfrei	free of charge
gegen Barzahlung	against cash
geplatzter Scheck	bounced cheque/check
Gesamtbetrag	total, total amount
Gläubiger	creditor
gutschreiben	credit
haftbar	liable
in Rechnung stellen	bill, charge, invoice
Konto	account
Konto ausgleichen	balance an account
Kontostand	balance of an account
Lastschrift	debit order
netto	net

Quittung	receipt
Ratenzahlung	payment in instalments (BE)/installments (AE)
Rechnung	invoice
Rechnungsbetrag	invoice amount
Rechnungsdatum	invoice date
Rechnungsnummer/Nr.	invoice number/no.
Rest(betrag)	remainder
Schuldner	debtor
Skonto	early payment discount
Stornogebühr	cancellation fee
Teilzahlung	part payment (BE), partial payment (AE)
überweisen	remit, transfer
Überweisungsträger	transfer form
verrechnen (Scheck)	clear a cheque/check
Vorauszahlung	payment in advance
Zahlungsbedingungen	terms of payment
Zahlungsfrist	time allowed for payment
Zahlungsweise	method of payment, mode of payment

Die englischsprachigen Begriffe „remainder" und „reminder" sind strikt von einander zu trennen, da der Ausdruck „remainder" den „Rest (einer Geldsumme)" bezeichnet, wohingegen die Bezeichnung „reminder" mit „Mahnung/Erinnerung" zu übersetzen ist.

2.11 Vollmacht

Der Zweck einer Vollmacht besteht darin, jemandem eine Berechtigung zu übertragen.

> *Power of Attorney*
> The undersigned X Company with its corporate seat in Delaware, USA, herewith authorizes Dr. Emil Schlüter, born October 20, 1953 with business address at c/o Kaiser Rechtsanwälte, Hoberstr. 9, 80331 Munich/Germany to participate in shareholders' meetings of X Company with registered office in Hanover, registered in the Commercial Register of the Local Court of Hannover under HRB 234 and the adoption of shareholders' resolutions of every kind in said shareholders' meetings, *inter alia*, with respect to the amendment of the articles of association. The authorized person is entitled to take all measures he considers appropriate with regard to the foregoing. The person authorized can further represent the undersigned vis-à-vis courts, administrative bodies and other offices. The person authorized is released from the restrictions of Section 181 German Civil Code.

Wörter, die aus einer Fremdsprache ins Englische übernommen wurden, werden kursiv geschrieben (z. B. „*inter alia*" = „u. a."). Dies gilt nicht für allgemein gebräuchliche Termini (z. B.: „i. e." = „d. h.", „e. g." = „z. B.").

Vollmacht
Die Unterzeichnete X Gesellschaft mit Sitz in Delaware/USA bevollmächtigt hiermit Herrn Rechtsanwalt Dr. Emil Schlüter, geb. am 20. Oktober 1953, geschäftsansässig c/o Kaiser Rechtsanwälte, Hoberstr. 9, 80331 München/Deutschland, bei Gesellschafterversammlungen der X Gesellschaft mit Sitz in Hannover unter HRB 234 und der Fassung von Gesellschafterbeschlüssen jedweder Art in diesen Gesellschafterversammlungen u. a. hinsichtlich der Änderung der Satzung mitzuwirken. Der Bevollmächtigte ist berechtigt, alle Maßnahmen zu treffen, die er im Zusammenhang mit dem Vorgesagten für angebracht hält. Der Bevollmächtigte kann die Unterzeichnete auch gegenüber Gerichten, Verwaltungsbehörden und anderen Ämtern vertreten. Der Bevollmächtigte ist von den Beschränkungen des § 181 BGB befreit.

Während im Deutschen Anwälte begrifflich grundsätzlich nach ihrer Spezialisierung unterschieden werden (z. B. Patentrecht, Steuerrecht etc.), existieren in England „solicitors" und „barristers", die sich vor allem darin unterscheiden, dass der „barrister" vor höheren Gerichten zugelassen ist und der „solicitor" den Kontakt zum Mandanten pflegt. Zur Vermeidung von Missverständnissen sollte der deutsche „Anwalt" daher stets mit „German lawyer" oder „German attorney at law" übersetzt werden.

False Friends			
Englisch	**Deutsch**	**Deutsch**	**Englisch**
provision	Bestimmung	Provision	commission
paragraph	Absatz	Paragraph	section

Satzbausteine: zur Vollmacht

Hiermit bevollmächtigen wir ...	We herewith authorize ...
Das Unternehmen ... mit Sitz in ...	The ... company with its registered office in ...
Die Bevollmächtigten sind geschäftsansässig in ...	The persons authorized have their business address at ...
Die Gesellschaft mit Sitz in Köln ist eingetragen in das Handelsregister des Amtsgerichts ... unter HRB ...	The company with/having its registered office in Cologne is registered in the Commercial Register of the Local Court ... under HRB ...
Paragraph ... verbietet, im Namen eines anderen zu handeln.	Section ... prohibits to act on behalf of another person.
Die Bevollmächtigten sind berechtigt, alle notwendigen Maßnahmen zu treffen.	The persons authorized are entitled to take all necessary measures.

Wir verleihen Ihnen (die) Vollmacht für das Projekt ...	We grant you power of attorney for project ...
Der für die Vollmacht maßgebliche Text ist derjenige, der in deutscher Sprache abgefasst ist.	The text decisive for this power of attorney is the one written in German.
Anbei erhalten Sie eine überarbeitete Version der Vollmacht zur kritischen Durchsicht.	Enclosed please find a revised version of the PoA for your perusal.

„Shall" in rechtlichen Dokumenten wie Verträgen oder Vollmachten drückt eine Verpflichtung aus, z. B. „The party of the contract shall deliver the following documents" („die Vertragspartei liefert die folgenden Dokumente"). Im gesprochenen English wird „shall" verwendet, um einen Vorschlag zu unterbreiten, wie z. B. „Shall we go to the cinema?" („Sollen wir ins Kino gehen?").

Vokabeln: rund um die Vollmacht

abschließen (Vertrag)	conclude, enter into
Amtsgericht	local court
ausfertigen (Vertrag)	execute (an agreement)
auslegen	interpret, construe

berechtigt sein	be entitled to
Beschränkungen	restrictions
Bestimmung, Regel	provision
bevollmächtigen	authorise, authorize
Bevollmächtigter	person authorized
der Unterzeichnete	the undersigned
Durchsicht (kritische)	perusal
ergreifen (Maßnahmen)	take measures
festlegen	determine, stipulate, fix
geboren am ...	born on, born ...
Gericht	court
geschäftsansässig (in)	with business address (at)
Geschäftssitz	registered office, corporate seat
Handelsregister	commercial register
hiermit	herewith
im Zusammenhang mit	in connection with
Paragraph (im Gesetz)	section, sec.
Rechtsanwalt	attorney-at-law/ attorney at law, lawyer (allgemein), solicitor, barrister (BE)
Register	register
Satzung	articles of association
Unterschrift	signature
Vollmacht	power of attorney
Vorrang haben	prevail, take priority over

3. Verschiedene Anlässe

3.1 Buchungen

Mit einer Buchung reserviert man verbindlich einen Mietwagen, ein Hotelzimmer oder einen Flug etc. Eine Buchung kann aus der Buchung selbst, der Buchungsbestätigung des Auftragnehmers (z. B. bei einem Hotelzimmer) und der Buchungsbestätigung des Auftraggebers (z. B. bei einem Flug) bestehen.

Buchung eines Mietautos

Dear Sir/Madam,

I would like to hire an Audi A4 for Mr. Kaufmann between 7th December and 9th December of this year.
Mr. Kaufmann would like to pick up the car from Munich airport at 9 a.m. He will return the car at Frankfurt airport at about 5.30 p.m.
The bill will be paid by our company. Please send it to the adress mentioned above.

Many thanks,

Angela Lux

Sehr geehrte Damen und Herren,

vom 7. Dezember bis zum 9. Dezember dieses Jahres würde ich gerne einen Audi A4 für Herrn Kaufmann buchen.
Herr Kaufmann würde das Auto gerne um 9.00 Uhr morgens am Flughafen München abholen. Zurückgeben wird er das Auto um 5.30 Uhr nachmittags am Flughafen Frankfurt.
Die Rechnung wird von unserer Firma bezahlt. Bitte schicken Sie sie an die oben genannte Adresse.

Mit herzlichem Dank

Angela Lux

Satzbausteine: zur Buchung eines Mietautos

Bieten Sie eine Zusatzversicherung für Mietwagen?	Do you offer an extra liability insurance for rental cars?
Bieten Sie einen Nachlass für Unternehmen an?	Do you grant a corporate discount?
Haben Sie einen kostenlosen Abholservice vom Flughafen?	Do you offer an on-airport convenience service?

Wann soll das Auto zurückgegeben werden?	When is the car to be returned?
Können wir das Auto auch über das Internet buchen?	Is it also possible to book the car via the Internet?
Bitte faxen Sie uns den Versicherungsausweis.	Please send us the insurance certificate by fax.
Wie hoch ist die pauschale Versicherungssumme?	What is the lump sum insured?
Besteht der Versicherungsschutz nur für die berechtigten Fahrer?	Does the insurance protect only the authorised/ authorized drivers?

Vokabeln: rund um die Buchung eines Mietautos

4-türiges Auto	four-door car
abholen	pick up
Auto	car, automobile, vehicle
Auto mit Automatik	automatic (car)
Autovermietung	car rental
Beifahrer	front-seat passenger
bequem	comfortable
Fahrzeugpapiere	vehicle documents
Führerschein	driving licence (BE), driving license (AE)
Haftung	liability

Haftungsausschluss	exclusion of liability, liability excluded
mieten (Auto)	hire/rent a car
Mietgebühr	hire charge
Mietwagen	rental car, rental vehicle
ohne Meilenbegrenzung	unlimited mileage
Personenschaden	personal injury
Sachschaden	material damage
Versicherung	insurance

Buchungsbestätigung eines Hotelzimmers durch den Auftragnehmer

Accomodation Confirmation

Thank you for your recent reservation. We are delighted to confirm your booking details as follows:

Guest name: Mr. Heinz Müller
Arrival date: 01/11/05
Departure date: 02/11/05
Number of nights: 1
Number of guests: Adults: 1 Children: 0
Number of rooms: 1
Daily rate excl. VAT: GBP 210.00 per night

This booking has been guaranteed to a credit card. Should you need to cancel or amend the booking, we

ask that you advise us at least 24 hours prior to the date of arrival in order to avoid the charge for the first night's accommodation being made onto this credit card.
Please note that check-in time is after 2 o'clock p.m. and rooms have to be vacated by 12 o'clock on the departure date.

We thank you for this reservation and look forward to welcoming Mr. Müller to the All-Ways Best Hotel. Should you have any questions or need further assistance please contact us on 0044-1225-456789

Buchunsgbestätigung

Vielen Dank für Ihre Reservierung. Wir freuen uns Ihre Buchungsangaben wie folgt zu bestätigen:

Name des Gastes: Heinz Müller
Anreisedatum: 01.11.2005
Abreisedatum: 02.11.2005
Anzahl der Übernachtungen: 1
Anzahl der Gäste: Erwachsene: 1   Kinder: 0
Anzahl der Zimmer: 1
Preis pro Nacht zzgl. MwSt.: GBP 210,00 pro Nacht

Diese Buchung wurde mit einer Kreditkarte als Sicherheit geleistet. Sollten Sie diese Buchung stornieren oder ändern wollen, möchten wir Sie bitten uns mindestens 24 Stunden vor dem Tag der Anreise darüber zu informieren, um zu vermeiden, dass die Kreditkarte mit der Zahlung für die erste Übernachtung belastet wird.

Der Check-in hat nach 14.00 Uhr zu erfolgen und die Zimmer sind vor 12.00 Uhr am Tag der Abreise zu verlassen.

Wir danken Ihnen für Ihre Reservierung und freuen uns, Herrn Müller im All-Ways Best Hotel begrüßen zu dürfen. Sollten Sie noch irgendwelche Fragen haben oder wenn wir Ihnen sonst weiterhelfen können, stehen wir Ihnen unter Tel. Nr. 0044-1225-456789 gerne zur Verfügung.

False Friends			
Deutsch	**Englisch**	**Englisch**	**Deutsch**
Garage	parking lot	garage	Werkstatt
Handy	mobile/cellular phone, mobile	handy	handlich
werden	become	receive, get	bekommen

Satzbausteine: zur Buchung eines Hotelzimmer

Bitte teilen Sie uns mit, ob zu diesem Datum noch ein Zimmer buchbar ist.	Please inform us whether it is still possible to book a room for this date.
Bitte informieren Sie uns über Lage und Ausstattung der Zimmer.	Please give us information about the location and equipment of the rooms.
Haben Ihre Zimmer Klimaanlage?	Are your rooms air-conditioned?
Verfügen die Zimmer über Internetanschluss?	Do the rooms have access to the Internet/ Internet access?
Bitte übersenden Sie uns weitere Informationen über Ihr Hotel und Ihre Konditionen.	Please provide us with further information about your hotel and your conditions.
Bietet Ihr Hotel ein Bonusprogramm an?	Does your hotel offer some kind of bonus program?
Besteht die Möglichkeit einen Konferenzraum separat zu buchen?	Is it possible to book a conference room separately?
Besteht die Möglichkeit über Ihr Hotel ein Mietauto zu buchen?	Is it also possible to book a rental car with your hotel?
Bitte informieren Sie uns über Änderungen.	Please notify us of any changes.

Wir beabsichtigen, in Zukunft alle unsere Geschäftsreisen über Ihre Hotelkette zu buchen.	We intend to arrange all our future business trips with your hotel chain.

Vokabeln: rund um die Buchung eines Hotelzimmers

Abholservice	shuttle service
Abreise	departure
Abreisedatum	date of departure
angeschlossenes Bade-zimmer	en(-)suite bathroom
Ankunft	arrival
Anreisedatum	date of arrival
Aufenthalt	stay
auschecken	check out
bewachtes Parken	valet parking
Buchungsbestätigung	acknowledgement of reservation, booking confirmation
Büffet	buffet
Doppelbett	twin-bedded double, twin bed
Doppelzimmer	double-room
einchecken	check in
Einzelbett	single bed
Erwachsener	adult

Fitnessraum	gym
freie Zimmer	available rooms
Geschäftsreise	business travel, business trip
Gültigkeitsdatum (bis ...)	expiry date (until ...)
Halbpension	halfboard/half board, breakfast included
Hotelkette	hotel chain
Internetanschluss	internet access
Kind, Kinder	child, children
Klimaanlage	air condition
Kreditkartennummer	credit card number
Name des Gastes	guest name
Parkmöglichkeit	parking facililties, car park
Preis pro Übernachtung	price per night, daily rate
reservieren, buchen	reserve, book
Reservierungsnummer	reservation no./number
Rezeption	reception
Suite	suite
Tiefgarage	underground car park (BE), underground parking lot (AE)
Übernachtung	night
Vollpension	fullboard/full board
Wäscheservice	laundry service
Zimmerdienst	house(-)keeping

Zimmermädchen	room maid
Zimmerservice	room service

Der Begriff „free" kann im Englischen auch „umsonst oder „kostenlos" bedeuten. „Free room" bedeutet also ein „kostenloses Zimmer" und „frei" im Sinne von „erhältlich" oder „zur Verfügung stehend" sollte deshalb mit „available" übersetzt werden.

Buchungsbestätigung eines Fluges durch den Auftraggeber

Confirmation of Flight Details

We would like to confirm our booking of a flight from Munich Franz Joseph Strauss airport to London Heathrow as follows:

Name of passenger:	Jürgen Holzschmidt
Date of flight:	December 12, 2005
Time of departure:	12:15 pm
Class:	business class
Date of return flight:	December 16, 2005
Time of departure:	4:30 pm
Type of flight:	business class
Airline:	LondonAir
Remarks:	vegetarian food is to be provided on both flights

Payment of the total amount of € 450.50 including all fees and taxes is to be charged from LIHSA credit card, no. 234 234 235.

Thank you for your kind assistance.

Regards,

Susan Mayer
(Secretary to Mr Holzschmidt)

Bestätigung unserer Flugangaben
Wir bestätigen hiermit unsere Buchung eines Fluges von München Franz-Joseph-Strauss Flughafen nach London Heathrow wie folgt:

Name des Passagiers:	Jürgen Holzschmidt
Flugdatum:	12. December 2005
Abflugzeit:	12.15 Uhr
Klasse:	Business Class
Rückflugdatum:	16. December 2005
Abflugzeit:	16.30 Uhr
Fluggesellschaft:	LondonAir
Sonstiges:	auf beiden Flügen ist auf vegetarische Verpflegung zu achten

Die Zahlung des Gesamtbetrags von € 450,50 einschließlich aller Gebühren und Steuern erfolgt per LIHSA-Kreditkarte Nr. 234 234 235.

Vielen Dank für Ihre freundliche Unterstützung.

Freundliche Grüße

Susan Mayer
Sekretariat Hr. Holzschmidt

Satzbausteine: zur Buchung eines Fluges

Wieviele Flüge nach San Jose gibt es pro Tag?	How many flights to San Jose are there per day?
Können Sie die Tickets an Ihrem Schalter zur Abholung hinterlegen?	Could you provide the tickets at your desk for pick up?
Gibt es auch Flüge mit anderen Fluggesellschaften?	Are there any flights with other airlines?
Gibt es Sondertarife für diesen Flug?	Are there any special rates for this flight?
Wir möchten einen Flug buchen.	We would like to book a flight.
Wir bestätigen hiermit die Flugdaten wie folgt ...	We herewith confirm the flight details as follows ...

Ist der Flughafen weit vom Stadtzentrum entfernt?	Is the airport far from the city center (AE)/ centre (BE)?

m Englischen ist zu beachten, dass Wochentage, Monatsnamen, Länder, und deren adjektivischer Gebrauch (z. B. Germany, German) sowie Eigennamen groß geschrieben werden.

Vokabeln: rund um die Buchung eines Fluges

Abflug	departure
Ankunft	arrival
Ausland	abroad, overseas
Bordkarte	boarding pass
buchen	book
Buchung bestätigen	confirm a booking
Business Klasse	business class
Direktflug	direct flight
erste Klasse	first class
Flug	flight
Flug buchen	book a flight
Flughafen	airport
Flughafengebühr	airport tax
Fluglinie	airline
Flugsteig	gate
Flugnummer	flight number

Gepäck	baggage (BE), luggage (AE)
Hin- und Rückflug	return flight, return ticket
Inlandsflug	national flight
internationaler Flug	international flight
Ortszeit	local time
Platz reservieren	reserve a seat
Reisebüro	travel agency
Touristenklasse	economy class
Verbindung	connection
Vielflieger	frequent flyer/flier
Visum	visa
voraussichtliche Ankunftszeit	estimated time of arrival (ETA)
Ziel, Reiseziel	destination

3.2 Einladung

Im Geschäftsverkehr ergeben sich oft Gelegenheiten, die eine schriftliche Einladung erfordern. Abhängig von der Art und den Umständen des Anlasses ist es vielfach notwendig, dem Empfänger Informationen oder formelle Anforderungen (z. B. Abendgarderobe) schriftlich mitzuteilen. Die genaue Formulierung hängt davon ab, wie förmlich die Veranstaltung ist; so ist eine Einladung zum Sommerfest weniger formell als z. B. zu einer Preisverleihung.

On the occasion of the presentation of this year's Golden Idea Award, we request the pleasure of the company of
Ms Jennifer Long

The celebrations will be held on Friday 20th June at the Golden Palace Hotel in London.
Following a brief reception by John Pierce, chairman of the Creative Association, in the Asian Tea Room, presentation of the awards will take place in the King's Ball Room accompanied by a 4-course dinner.
R.S.V.P
Black Tie

Aus Anlass der diesjährigen Verleihung des Golden Idea Awards, geben wir uns die Ehre
Frau Jennifer Long
zu Ihrer werten Teilnahme einzuladen.

Die Feierlichkeiten finden am Freitag, den 20. Juni, im Golden Palace Hotel London statt.
Nach einer kurzen Begrüßung durch Herrn

John Pierce, Vorsitzender der Creative Association im Asiatischen Teeraum, erfolgt die Verleihung der Auszeichnungen im Kings Ballsaal begleitet von einem viergängigen Menü.
Um Antwort wird gebeten.
Festliche Abendgarderobe

Satzbausteine: zur Einladung

Wir möchten Sie zu unserem diesjährigen Sommerfest einladen.	We take pleasure in inviting you to join us in celebrating this year's summer festival.
Über Ihr Kommen würden wir uns sehr freuen.	We would be glad if you could come.
Anbei finden Sie eine Anfahrtsskizze.	Enclosed you will find a map on how to get there.
Wir möchten die Präsentation unseres neuen ... zum Anlass nehmen ...	We should like to seize the occasion of the presentation of our new ...
Wir hoffen, Sie bereiten uns die Freude und nehmen teil.	We hope that you will give us the pleasure of your company.
Für Ihre Unterkunft wird im ... gesorgt.	Accommodation will be provided at ...

Annahme einer Einladung

Dear Mr Smith

Ms Isabella Jackson thanks you for the kind invitation to the opening of your new shop on Monday, 13th April at the Chelsea Mall in London and gladly accepts the same.

Yours faithfully

Lara Johnson
(Secretary to Ms Jackson)

Sehr geehrter Herr Smith,

Frau Isabella Jackson dankt Ihnen für die freundliche Einladung zur Eröffnung Ihres neuen Ladens am Montag, dem 13. April, im Chelsea Einkaufszentrum in London, die sie mit Freuden akzeptiert.

Mit freundlichen Grüßen

Lara Johnson
(Sekretariat Frau Jackson)

Satzbausteine: zur Annahme einer Einladung

Vielen Dank für Ihre Einladung.	Many thanks for your invitation.
Über Ihre Einladung haben wir uns sehr gefreut.	We were delighted to to receive you invitation.
Wir freuen uns darauf Sie wieder zu sehen.	It will be a pleasure to see you again.
Sehr gerne nehmen wir Ihre Einladung an.	It gives us great pleasure to accept your invitation.
Vielen Dank für Ihre Einladung, die wir mit größtem Vergnügen annehmen.	Thank you very much for your invitation which we accept with the greatest pleasure.
Ich komme sehr gerne.	I would love to come.
Vielen Dank für die Wegbeschreibung.	Thank you for the directions on how to get there.
Wir möchten Ihnen für Ihre Einladung herzlich danken und bestätigen ...	We would like to express our gratitude for your invitation and would like to confirm ...
Vielen Dank für die Einladung zum Abendessen, die wir sehr gerne annehmen würden.	Many thanks for the invitation to dinner, which we would be delighted to accept.

Ablehnung einer Einladung

Dear Mr. Bellert:

Many thanks for you invitation. It is with deep regret that we inform you that Ms. Hunington will not be able to join you due to other commitments.
Ms. Hunington appreciates your inviting her and she hopes that she will soon have the opportunity to meet you on a similar occacion.

Yours faithfully,
Mara Hill

Sehr geehrter Herr Bellert,

vielen Dank für Ihre Einladung. Wir bedauern zutiefst, dass es Frau Hunnington aufgrund anderweitiger Verpflichtungen leider nicht möglich ist, an den Feierlichkeiten teilzunehmen.
Frau Hunington hat sich sehr über Ihre Einladung gefreut und hofft, Sie bald bei einem ähnlichen Anlass wiederzusehen.

Mit freundlichen Grüßen
Mara Hill

Satzbausteine: zur Ablehnung einer Einladung

Mit großem Bedauern ...	It is with deep regret that ...
Wir bedauern außerordentlich, dass es uns unmöglich ist ...	We deeply regret being unable to ...
Frau Müller bedauert außerordentlich, Ihre Einladung aus familiären Verpflichtungen ablehnen zu müssen.	Ms. Müller is deeply sorry for having to decline your invitation due to family commitments.
Unglücklicherweise befindet sich Herr Deggerts zu diesem Zeitpunkt auf Geschäftsreise.	Unfortunately, Mr. Deggerts will be on a business trip at this time.

Vokabeln: rund um die Einladung

Abendgarderobe	evening dress, formal dress
absagen (Einladung)	decline (an invitation)
Anlass	occasion
anlässlich	on the occasion
Antwortkarte	reply card
Anzug, Cocktailkleid	white tie
Gastkarte	complimentary card

einladen	invite
Einladung	invitation
Feier	celebration
Feier *(informell)*	party
Hauptversammlung	Annual General Meeting (AGM)
R.S.V.P.	um Antwort wird gebeten
Smoking, (langes) Abendkleid	black tie
Veranstaltung mit Smokingzwang	black tie event

3.3 Danksagung

Im Geschäftsleben ergeben sich zahlreiche Gelegenheiten, die eine schriftliche Danksagung erforderlich machen. Ein solches Schreiben wird für gewöhnlich relativ kurz und dennoch vielmals persönlich oder gar herzlich formuliert.

> Dear Ms Steps
>
> We herewith would like express our appreciation for the marvellous present you gave us on the occasion of the birth of our son Patrick.

As a mark of our deep gratitude, we are enclosing a photograph of Patrick for you.

Once again thank you so much.
Very best wishes
Liza, Gerald and Patrick Blessing

Sehr geehrte Frau Steps,

wir möchten hiermit unsere Dankbarkeit zum Ausdruck bringen für das wunderbare Geschenk, dass Sie uns anlässlich der Geburt unseres Sohns Patrick gemacht haben.

Als Zeichen unserer tiefen Dankbarkeit legen wir ein Foto von Patrick für Sie bei.

Nochmals vielen Dank
Herzliche Grüße
Liza, Gerald und Patrick Blessing

Satzbausteine: zur Danksagung

Wir möchten die Gelegenheit nutzen, um Ihnen für ... zu danken.	Let us seize this occasion to express our gratitude for ...

Wir danken Ihnen im Namen von ...	We thank you on behalf of ...
Wir möchten unsere Dankbarkeit zum Ausdruck bringen.	We would like to express our gratitude.
Wir wissen das sehr zu schätzen.	We really appreciate this.
Richten Sie ihr bitte meinen Dank aus.	Would you please thank her from me.
Herr ... hat mich beauftragt, unseren herzlichen Dank für ... zu übermitteln.	I am instructed by Mr. ... to convey our sincere thanks for ...
Dafür sind wir Ihnen außerordentlich dankbar.	We appreciate this very much.
Als Zeichen unserer Dankbarkeit möchten wir ...	As a mark of our gratitude, we would like to ...

Vokabeln: rund um die Danksagung

Dankbarkeit	gratitude
dankbar	thankful
ein kleines Dankeschön	a small thank-you
herzliches Dankeschön	big thank you
Bemühungen	efforts, endeavo(u)r
Unterstützung	assistance
Jubiläumsfeier	anniversary celebration
Geste (als kleine Geste)	(as a small) gesture

3.4 Glückwunsch

Häufig möchte man im Beruf einen Glückwunsch schriftlich zum Ausdruck bringen. Dies hat neben Gründen der Höflichkeit einen durchaus positiven Effekt auf den zwischenmenschlichen Umgang. Im Folgenden finden Sie einen Musterbrief, der anlässlich eines Betriebsjubiläums verfasst wurde:

Dear Mr Franklin

This year February 22 will be your fifteenth anniversary as an employee of our company.
We would like to seize this opportunity to thank you for the past years in which you have demonstrated outstanding skills, commitment and loyalty.
The success of our company largely depends on competent and hard-working employees like you. We deeply appreciate your contribution in assisting us to maintain our strong market position.
We are hoping that you will remain with us for many years and would like to extend you our heartfelt congratulations on this anniversary.

Warmest regards
Catherine Claxton
(Assistant to the President)

Lieber Herr Franklin,

am 22. Februar diesen Jahres werden Sie Ihr fünfzehntes Betriebsjubliäum in unserem Hause feiern.

Wir möchten diese Gelegenheit nutzen, um Ihnen für die vergangenen Jahre, in denen Sie herausragende Fähigkeiten, Engagement und Loyalität bewiesen haben, zu danken.

Der Erfolg unseres Unternehmens ist in großem Maße abhängig von seinen fähigen und fleißigen Mitarbeitern wie Ihnen. Wir schätzen Ihren Beitrag, den Sie dazu leisten, dass wir unsere starke Position auf dem Markt behalten, sehr.

Wir hoffen, dass Sie uns noch viele Jahre treu bleiben werden und gratulieren Ihnen ganz herzlich zu Ihrem Jubiläum.

Beste Grüße

Catherine Claxton
(Assistentin
der Geschäftsführung)

Satzbausteine: zum Glückwunsch

Bitte richten Sie ... unsere besten Glückwünsche aus.	Please (do) give our best wishes to ...
Herzliche Glückwünsche anlässlich ...	Congratulations on ...
Wir möchten uns ganz herzlich für die Glückwünsche bedanken.	We would like to give you a heartful thanks for all the good wishes.
Mit großer Freude haben wir die Nachricht von ... vernommen.	We were delighted to receive the news ...
Herzlichen Glückwunsch zur Geburt Ihres Sohnes.	Congratulations on the birth of your son.
Wir gratulieren herzlich und übersenden Ihnen die besten Wünsche anläßlich ...	This is to send our warmest congratulations and best wishes on ...
Frohe Weihnachten und ein gutes Neues Jahr.	Merry Christmas and a Happy New Year.
Frohe Feiertage (Weihnachten)	Seasonal greetings

Vokabeln: rund um den Glückwunsch

besonders	especiallly, particulary
Einladung	invitation
erfolgreich	successful

beglückwünschen	congratulate
erfreut sein	be delighted, pleased
Feier	celebration
Festessen	dinner, banquet
feiern	celebrate
Geburtstag	birthday
Glückwunsch	congratulation(s)
Hochzeit	wedding
Jubiläum	anniversary
Verlobung	engagement
Geburt	birth
Weihnachten	Christmas
Ruhestand	retirement
in den Ruhestand gehen	retire, go into retirement
Beförderung, Aufstieg	promotion
Beileid	condolence(s), sympathy
sein Beileid aussprechen	offer somebody one's condolences
Glückwünsche ausdrücken	extend/offer somebody one's contratulations

Der englischsprachige Begriff „engaged" kann zweierlei bedeuten: sowohl „verlobt" als auch „engagiert".

False Friends			
Englisch	Deutsch	Deutsch	Englisch
sympathy	Mitleid	Sympathie	liking

3.5 Entschuldigung

Von Zeit zu Zeit steht man vor der Aufgabe, sich für ein Versäumnis oder einen Fehler schriftlich zu entschuldigen. Gerade in diesem Zusammenhang hat eine äußerst höfliche Formulierung im Englischen absolute Priorität.

> Dear Mr Tackle
>
> Thank you for your letter of June 22 telling us about your experience with the negligence of one of our room maids.
> We are sorry to learn that she has damaged your camera while cleaning your room. We understand that you are upset and kindly ask you to accept our apologies.
> We will look into this matter at once and take all possible steps to ensure that such an incident does not occur again. Furthermore we will replace the camera to compensate you for the loss.
> For the time being please accept a voucher for two nights at our hotel to make up for the inconvenience caused.
> Thank you for drawing this oversight to our attention.
>
> Best regards
> Ralf Nigel
> (Hotel Management)

Sehr geehrter Herr Tackle,

vielen Dank für Ihr Schreiben vom 22. Juni, in dem Sie uns über Ihre Erfahrung mit der Nachlässigkeit eines unserer Zimmermädchens berichtet haben.

Es tut uns Leid, dass sie Ihren Fotoapparat beim Aufräumen des Zimmers beschädigt hat. Wir verstehen, dass Sie aufgebracht sind und bitten Sie vielmals um Entschuldigung.
Wir werden uns sofort um diese Angelegenheit kümmern und alles tun, damit sich ein solcher Zwischenfall in Zukunft nicht wiederholt. Zudem werden wir Ihre Kamera ersetzen, um den Verlust wieder gut zu machen.

Fürs Erste senden wir Ihnen einen Gutschein für zwei Nächte in unserem Hotel, um Sie für die entstandenen Unannehmlichkeiten zu entschädigen.

Vielen Dank, dass Sie uns auf dieses Versehen aufmerksam gemacht haben.

Mit freundlichen Grüßen
Ralf Nigel
(Hotel Management)

Satzbausteine: zur Entschuldigung

Wir möchten unser Bedauern zum Ausdruck bringen.	We would like to express our sorrow.
Bitte entschuldigen Sie ...	Please accept our apologies for ...
Es ist uns unverständlich, wie es zu diesem Vorfall kommen konnte.	We cannot imagine how this incident could occur.
Bitte verzeihen Sie uns diese Unpünklichkeit.	Please forgive us for being late.
Wir müssen uns bei Ihnen dafür entschuldigen, dass ...	We owe you an apology for ...
Wir können keine Entschuldigung vorbringen für ...	We have no excuse for ...
Der Fehler liegt bei uns.	That was our mistake.
Wir bedauern zutiefst ...	We bitterly regret ...
Es war ein reines Versehen ...	It was a genuine error ...
Es geschah nicht mit Absicht ...	There was no intention ...
Wir entschuldigen uns vielmals für das Vorgehen unseres Mitarbeiters.	We sincerely apologise for the behavior of our employee.

Vokabeln: rund um die Entschuldigung

Absicht	intention
äußerst bedauern	deeply regret
beabsichtigt	on purpose
bedauern	regret
entschuldigen (sich)	apologize
Entschuldigung	apology
Entschuldigungsbrief	letter of apology
leid tun	be sorry
Unachtsamkeit	inadvertence, oversight
unangenehm	unpleasant
Unannehmlichkeiten	inconvenience
Unfall	accident
unvorhersehbar	unpredictable
Verschulden	fault
Versehen	mistake, error
verzeihen, vergeben	forgive

3.6 Termin vereinbaren/bestätigen/verschieben/absagen

Einen Termin im geschäftlichen Bereich vereinbart man meistens schriftlich. Wenn man einen solchen Terminvorschlag erhält, hat man drei Möglichkeiten, darauf zu reagieren: mit einer Bestätigung, einer Verschiebung oder einer Absage.

Termin vereinbaren

Dear Mr. Leary:

Thank you for sending us your latest catalog giving us more precise information on your product range. We are interested in entering in business relations with you and therefore like to get to know the representatives of your sales department.

We suggest to schedule a meeting for Monday, 29 August 2005 at our headquarters at 17 Glower Street at 9 am. We would appreciate your agreeing on this appointment via e-mail.

We are looking forward to meeting you.

Yours sincerely,
Herbert Stokes
(Manager)

Sehr geehreter Herr Leary,

vielen Dank für das Zusenden Ihres neusten Katalogs, der uns genauere Informationen über Ihre Produktpalette vermittelt hat. Wir sind daran inte-

ressiert, in Geschäftsbeziehung mit Ihnen zu treten und würden daher gerne einige Vertreter Ihrer Vertriebsabteilung kennenlernen.
Wir schlagen vor, die Besprechung für Montag, den 29. August 2005, um 9.00 Uhr in unserem Hauptsitz in der Glower Street 17 anzusetzen. Wir wären Ihnen dankbar, wenn Sie uns Ihre Zustimmung zu diesem Treffen in einer E-Mail mitteilen könnten.

Wir freuen uns, Sie persönlich kennenzulernen.

Mit freundlichen Grüßen
Herbert Stokes
(Manager)

Termin bestätigen

Dear Mr Stokes

Thank you for your e-mail indicating interest in entering into business relations with our company and therefore inviting our sales representatives to your office.
We are pleased to inform you that Ms Droner, our Sales Manager, together with her team will be able to come to your office at 17 Glower Street on

Monday, 29 August 2005 at 9 am.
Please feel free to contact me on 0044-314-765-91 or via e-mail if you have any further questions.

Kind regards
Hanna Glime
(Team Assistant Sales Department)

Sehr geehrter Herr Stokes,

vielen Dank für Ihre E-Mail, in der Sie Ihr Interesse an Geschäftsbeziehungen mit unserem Haus bekundet haben und die damit verbundene Einladung unserer Vertriebsvertreter in Ihr Haus.
Wir freuen uns, Ihnen mitzuteilen, dass unsere Vertriebsmanagerin Fr. Droner zusammen mit ihrem Team am Montag, den 29. August 2005, um 9.00 Uhr zu Ihnen in die Glower Street 17 kommen kann.
Für weitere Rückfragen stehe ich Ihnen unter 0044-314-765-91 oder per E-Mail gerne jederzeit zur Verfügung

Freundliche Grüße
Hanna Glime
(Teamassistentin Vertrieb)

Dear Mr. Kingscross:

Thank you for your e-mail. Mr. Dayton is currently away on business and will not return until May 1, 2005. Unfortunately, we therefore have to adjourn the meeting which was fixed for April 29, 2005.

On behalf of Mr. Dayton I would like to suggest May 2, 2005 as an alternative. Please confirm whether this date is convenient for you in an e-mail.

Please do not hesitate to contact me if I can be of further assistance to you.

Kind regards,
Sharon Mills
(Secretary to Mr. Dayton)

Sehr geehrter Herr Kingscross,

vielen Dank für Ihre E-Mail. Herr Dayton ist derzeit geschäftlich unterwegs und wird nicht vor dem 01. Mai 2005 zurück sein. Deshalb müssen wir die für den 29. April 2005 anberaumte Besprechung leider vertagen.

Im Namen von Herrn Dayton schlage ich Ihnen den 2. Mai 2005 als Alternative vor. Könnten Sie bitte in einer E-Mail bestätigen, ob Ihnen dieser Termin passt.
Bitte zögern Sie nicht, sich mit mir in Verbindung zu setzen, wenn Sie weitere Fragen haben.

Beste Grüße

Sharon Mills
(Sekretariat Hr. Dayton)

Termin absagen

Dear Mr. Kean:

Thank you for your e-mail confirming your appointment with Mr. Kerry for tomorrow.
Unfortunately we are forced to cancel this appointment at short notice since Mr. Kerry will be on a business trip. We really do apologize for this cancellation and the inconvenience which might result from it.

Should this matter require urgent attention, may I please refer you to Mrs. Pull who will be available via email m.pull@servicepoint.co.uk or extension –476.

Otherwise, I assure you that Mr. Kerry will deal with your matter immediately after his return.

Please do not hesitate to contact me if I can be of further assistance to you.

Yours sincerely,

Barbara Crest
(Secretary to Mr. Kean)

Sehr geehrter Herr Kean,

vielen Dank für Ihre E-Mail, in der Sie den morgigen Termin mit Herrn Kerry bestätigen. Leider sind wir gezwungen, diesen Termin kurzfristig abzusagen, da Herr Kerry auf Geschäftsreise sein wird. Unsere Absage und die daraus eventuell resultierenden Unannehmlichkeiten tun uns wirklich sehr leid.

Sollte diese Angelegenheit dringender Bearbeitung bedürfen, darf ich Sie an Frau Pull verweisen, die Ihnen unter m.pull@servicepoint.co.uk oder Durchwahl -476 zur Verfügung stehen wird.

Ansonsten versichere ich Ihnen, dass Herr Kerry Ihre Angelegenheit unmittelbar nach seiner Ankunft bearbeiten wird.

Für Rückfragen stehe ich Ihnen jederzeit zur Verfügung.

Freundliche Grüße

Barbara Crest
Sekretariat Herr Kean

Satzbausteine: zum Termin

Wir möchten einen Termin mit ... vereinbaren.	We would like to arrange an appointment with ...
Wir müssen diesen Termin leider verschieben, da ...	We are forced/see ourselves obliged to postpone this appointment since ...
Wir bedauern, Ihnen mitteilen zu müssen, dass Frau ... krankheitsbedingt an dieser Besprechung nicht teilnehmen kann.	We regret having to inform you that Ms. ... is not able to participate in this meeting due to sickness.

Können wir diesen Termin verschieben?	Could we postpone this meeting?
Wir haben an diesem Tag keinen Termin frei.	There is no appointment available at this point.
Können Sie uns diesen Termin vorab per Fax bestätigen?	Could you please confirm this appointment in advance by fax?

Vokabeln: rund um den Termin

absagen	cancel, call off
arrangieren	arrange, make arrangements
Besprechung	meeting
jährlich	annual
neu terminieren	reschedule
Tagesordnung	agenda
terminieren	fix, schedule
Termin, Verabredung	appointment
Terminschwierigkeiten	scheduling difficulties
Terminzusage	confirmation/acceptance of an appointment
verantwortlich	responsible, in charge (of)
verschieben	postpone
vierteljährlich	quarterly
vorverlegen	bring sth forward
zeitlich planen, ansetzen	schedule

Register

Register